OPUS DEI

Homo sacer, II, 5

オプス・デイ

任務の考古学

ジョルジョ・アガンベン 著
杉山博昭 訳

以文社

端書

神のわざ、すなわちオプス・デイ（*Opus Dei*）とは、カトリック教会で伝統的にもちいられてきたラテン語の専門用語であり、すくなくとも、六世紀以降は典礼《リトゥルジーア》（liturgia）を意味している。つまりそれは「イエス・キリストの祭司的権能の行使であり、［…］そこにおいて、公的にして十全たる祭礼は、イエス・キリストの秘儀的身体すなわちその頭と四肢によっていとなまれる」[*1]。

しかしながら「公共奉仕」という意味のギリシア語レイトゥールギア（*leitourgia*）を語源とする「典礼」は、比較的あたらしい言葉である。この言葉の使用がすこしずつ拡張されるのは一九世紀末ごろであり、それ以前はというと、オフィキウム（*officium*）というラテン語がその地位を占めていた。この用語が意味する圏域を定義するのは容易ではない。すくなくとも一見したかぎりでは、オフィキウムが神学上に獲得したあらたな成功に相当するものなど、ほかには無いように思われる。

『王国と栄光』において、わたしたちは典礼の秘儀を探求した。この探求はとくに秘儀が神へと向ける顔貌《かんばせ》に注目するものであり、栄光に満ちた客体という観点にもとづくものであった。それとは反対に、本書の考古学的探求はとくに祭司、つまり「秘儀の代務《ミニステーロ・デル・ミステーロ》」(ministero del mistero)にかかわる主体という観点に向かうものである。『王国と栄光』におけるわたしたちの試みは、神学者たちがそれ自体は明快なパウロのとある表現を転倒させつつ練り上げた「経済《エコノーミア》の秘儀」をあきらかにすることであった。本書が試みるのは、それと同様に、典礼の秘儀を、この主題をあつかう近現代の文献が醸しだすあいまいさや暗がりから、どうにかして引き剥がすことであった。結果として典礼の秘儀は、メッスのアマラリウスやグリエルムス・ドゥランドゥスによる偉大な中世の論考が示す厳密さや輝きのもとへと送り返されるだろう。実際のところ、典礼には秘せられたところなどほとんどない。むしろ典礼とは、絶対的かつ全面的に実効的なあるひとつの実践を考察するという、ともすればもっとも根源的な試みに一致するといえるかもしれない。典礼の秘儀とは、この意味において、実効性の秘儀なのである。この謎を理解することによって、見かけ上は切り離されている、この典礼という実践が与えてきた甚大な影響を了解することができる。その影響とは、近代が倫理学とおなじように存在論を思考し、経済であるかのように政治を思考する、そのありかたにおよぼした影響である。

他のあらゆる考古学的探求においても起こるように、今回のわたしたちもまた、さきに言及した領域のさらに彼方へと誘われることになる。「聖務・任務《ウッフィーチョ》」という用語が社会生活のさまざまな分野に普及していることからもわかるとおり、人間のはたらきにもたらされたオプス・デイというパラダイムは、西洋世俗文化において、つねに引力が増し続ける極を構成しているのはあきらかである。オプス・デイが法以上に実効を上げるとすれば、それが法に違反しうるからというよりも、むしろ、法を偽装しうるからだといえる。またオプス・デイが存在にもまして現実的であるとすれば、それが現実を生じさせる操作のみで構成されるからである。さらにオプス・デイが人間の他のはたらきにもまして実効を上げるとすれば、それが為されたわざによって《エクス・オペレ・オペラート》（*ex opere operato*）作動するからである。つまるところ、オプス・デイはそれを執りおこなう主体の資質には一切左右されないのである。任務が現代文化におよぼした影響は、あまりにも深くひそやかなものであったため、わたしたちは以下のことにさえ気づくことができなかった。つまり、哲学史や法理論史における決定的な瞬間をふたつだけ引き合いに出すとすれば、たとえばカントの倫理学やケルゼンの純粋法学における概念性は、いずれも全面的にこのパラダイムに依拠しているのである。それだけではない。オプス・デイというパラダイムに依拠する存在には、アクティヴィストや省庁の官吏さえ含まれる。

この意味において、任務という概念は、存在論のカテゴリーと実践をめぐるカテゴリーの決定的な変換を指し示す。この変換の重要性についてはさらなる評価がまたれる。ただ任務のもとで存在と実践は、言い換えるなら、人間が在ることと人間が為すことは、不分明なひとつの圏域に入る。この圏域のなかで、存在は実際的効果によって解体されるだけに留まらない。完全なる循環性のもと、存在は在らなければならないものであり、かつ、存在は在るものでなければならなくなる。有為性と実効性が存在論的パラダイムを定義するのは、この意味においてである。世俗的プロセスをかいして、このあらたなパラダイムは古代哲学のパラダイムに取って代わるだろう。つまるところ、在ることについてもはたらくことについても、今日のわたしたちが手にする表象は実効性のほかになにもない。これが本書の提示する考察の主題である。現実とはたんに有効ななにかである。現実とは統治するものである。現実とは効力あるものである。現実とは任務をして、官僚の慎ましい服装や祭司の栄光に満ちた法衣のもとに、倫理学だけでなく形而上学の規則さえも完全に転倒させてしまうほどの効果を上げるものである。

おそらくオプス・デイのパラダイムは、今日、ある決定的な難局に突き当たっており、その結末を予見することはむずかしい。ただ、二〇世紀にあらためて典礼が注目を集める契機となったカトリック教会のいわゆる「典礼運動」と全体主義の壮大な政治的典礼が雄弁に証言し、さまざまなしるしが想起させるのは以下のことである。つまり、任務という人間のはたらきを産出するパラダイムがみずからの引力を失おうとするまさにその瞬間、このパラダイムは極限まで敷衍されるにいたった。目下、いっそう求められるのは、オプス・デイというパラダイムの特徴によく目を凝らし、その戦略を見定めることにちがいない。

目次

装幀：近藤みどり
装画：ジュゼッペ・マリア・クレスピ作《聖体拝領》一七一二年、油彩・カンヴァス、ドレスデン、アルテ・マイスター絵画館蔵　bpk / Staatliche Kunstsammlungen Dresden / Elke Estel / Hans-Peter Klut / distributed by AMF

凡例

一、本書は Giorgio Agamben, *Opus Dei: Archeologia dell'ufficio* (Homo sacer,II,5), Bollati Boringhieri, Torino, 2012 の全訳である。訳出にあたっては日本語としての読みやすさを考慮し、適宜訂正した箇所がある。

二、原書本文中の参考文献の表示は「註」として、書誌情報と併せて巻末にまとめて掲載した。原書中の「書誌（BIBLIOGRAFIA）」は重複になるため、省略した。

三、傍点は原則として原文がイタリックであることを表す。

四、文中の［ ］は著者自身の補足を、〔 〕は訳者による補足を表す。

五、（ ）は原則として、原文表記の挿入を表す。

六、引用されている文章は邦訳のあるものは既訳を参照しつつも、文脈に即して適宜修正し訳出した。

オプス・デイ

——任務の考古学

はたらくことは二通りの仕方で表わされる。

(1) 真実にして第一のはたらき、つまり事物を非 - 在から存在へと引き起こすこと

(2) 効果が生じるところに効果を生むこと

――アル＝キンディー

芸術作品とは、存在の真実が〈履行〉されたものである。

――ハイデッガー

1　典礼と政治

1　「典礼《リトゥルジーア》」（*liturgia*）というわたしたちの語彙の由来となったギリシア語レイトゥールギア（*leitourgia*）の意味と語源は明快である。人びと《ラオス》（*laos*）と仕事《エルゴン》（*ergon*）から成るレイトゥールギアは「公共奉仕」を指している。古典期のギリシアにおいて街から義務を課された市民は、公共の利益にかなう一連の役割を果たすことでいくばくかの収入を得ていた。たとえばその役割は、体育や体操競技を組織すること（*gymnasiarchia*）やディオニュソス祭など市民の祝祭に出演するコロスを仕込むこと（*chorēgia*）、また戦争時においては穀物やオイルを購入すること（*sitēgia*）やガレー船を武装して指揮すること（*triērarchia*）、さらにデルフォイのオリンピック競技に出演する街の代表を監督すること（*architheōria*）から、もっとも裕福な一五人の市民が課税対象となる全市民の税金をあらかじめ街に納入すること（*proeisfora*）にいたるまで多岐にわたっている。ここで重要なのは、それら役割の特徴が現実的なものであると同時に個人的なものでもあったことである。デモステネスによると「各人はみずからの財産とおなじようにみずからの身体を公共のためにささげる」（*tois sōmasi kai tais ousiais lēitourgēsai*）のである。[*1] 彼らはたとえ司法官（*archai*）に選ばれなくても「共同体の管理に携わる」（*tōn koinōn epimeleian*）。[*2] とはいえ、この公共奉仕《リトゥルジーア》の役割は彼らに重くのしかかるものであったにちがいない。ギリシア語の動詞カタレイトゥールゲオー（*kataleitourgeō*）は「公共奉仕によって破産する」という意味である。市民のなかには、あらゆる手を尽くして奉仕をまぬがれようとする者もいただろう。そのような者は「逃亡中の市民《ディアドラーシポリタイ》」（*diadrasipolitai*）と呼ばれる。その状況下でも、公共奉仕の履行は名誉と名声を手にする方法として認識されていたため、多くの者は、それへの従事を二年に渡って休止するという所定の権利を、みずからすすんで放棄した。リュシアスが伝える公共奉仕の模範的事例のひとつに、あるひとりの市民が九年間にわたって二万ドラクマを超える額を支払い続けたというものがある。『政治学』において、アリストテレスはこの習慣を民主主義の典型的な問題として指摘し、以下のように述べている。「コロスの仕込み、聖火リレー、その他同種の役割は、負担が大きいうえに無益な公共奉仕である」[*3]。

ただ、その支出は共同体の祭礼にかかわるものでもあった（*ta pros tous theous dapanēmata koina pasēs tēs poleōs estin*）ため、アリストテレスは、共同体の一部の土地を神々への公共奉仕に割り当てる（*pros tous theous leitourgias*）とも言い表わしている。[4] これからわたしたちが、教父たちならびにユダヤ教に目を配りつつ取り戻していくのは、リトゥルジーアという語の祭礼的な用法とそのきわだった連続性である。それにさいして、この用語にかんする証言は文学研究だけではなく碑銘研究にも求められる。たとえば、こうしたケースで往々にして起こりうることだが、つねに「公共性」との関わりが優先されるこの政治学用語の意味は、ときに軽やかに拡張され、政治とは無関係な意味をになう。アリストテレスは、先に引用した一節の直後、生殖活動にふさわしい年齢を論じるなかで、「子どもを産むという公的な役割について」（*leitourgein... pros tecnopoiian*）とも述べている。[5] 同様に、もしくはいっそう皮肉っぽい調子ではあるものの、ある諷刺詩はひとりの娼婦の「公共奉仕」を偲んでもいる。[6] このようなケースのみに依拠して「公的な」（*lēitos*）要素の重要性は完全に失われている」と主張することは適切ではない。[7] ひとつの表現が、あくまでその起源である政治的意味をふまえつつも、徐々に反語的な意味を獲得していったと理解するべきである。アリストテレスそのひとが、母の子に対する授乳は「公共奉仕」であると述べるとき、[8] もしくはパピルス文書に「むりやり私的な公共奉仕をさせる」と記されているとき、[9] そのいずれにおいても、わたしたちはほのめかされたこじつけに耳を傾けざるをえない。つまり私的かつ本性的な圏域から公的かつ社会的な圏域へと暗喩的に置き換えられるというこじつけである。

ℵ 紀元三世紀以後のローマ帝国において、ラテン語ではムネーラ（*munera*）と呼ばれたこの公共奉仕の体系は極限まで普及した。キリスト教がいわゆる国教となるなかで、聖職者は公的役割の義務を免除されるという問題が、世間の強い関心を引くこととなった。すでにコンスタンティヌス一世は、「神聖なる祭礼の代務に従事する者［*divini cultui ministeria impendunt*］、すなわち聖職者と呼ばれる者は、あらゆる公的役割を完全に免除されなければならない［*ab omnibus omnino muneribus excusentur*］」と定めていた。[*10] しかしそののちに当のコンスタンティヌスの勅令が、都市参事会員（*ducrinones*）が聖職者につくことを禁止することからもうかがえるように、この免除措置はひとつの危険性をはらんでいた。すなわち、富裕層に属する人物がたとえムネーラの重さからのがれるために聖職者になったとしても、たとえそれがたんなる交換条件に過ぎなかったとしても、特権としての免除は維持されたのである。

このことは、祭司職がなにかしらの解釈によって公共奉仕とみなされていたことを示す。さらにこのことは、ギリシア語圏のキリスト教地域において、レイトゥールギア（*leitourgia*）という用語の祭礼的な意味が専門化する理由のひとつに数えられる。

2 ある用語の歴史は、しばしばその翻訳の歴史もしくは翻訳における用法の歴史と重なる。レイトゥールギアという用語の歴史のなかでは、以下が重要な契機に数えられる。つまり、ギリシア語聖書の翻訳を手がけたアレクサンドリアの律法学者が、祭礼の文脈に登場する「仕える」という意味の一般的なヘブライ語動詞セーレット（*seret*）のすべてに、訳語として動詞レイトゥールゲオー（*leitourgeō*）をあてたこと、ならびにそこにレイトゥールギアという表現を添えたことである。レイトゥールゲオーが最初に単独でもちいられた「アロンが聖書でつとめをするとき」（*en tōi leitourgein*）というアロンの祭司職への言及以後、[*11] この用語はレイトゥールギアとともに固有の組み合わせで使用され、「臨在の幕屋」における祭礼を表わすことになる。たとえば「その後初めて、レビ人は臨在の幕屋に入り」（*leitourgein tēn leitourgian ... en tēi skēnēi*）や「主の幕屋のつとめをして」（*leitourgein tas leitourgias tēs skēnēs kyriou*）といった表現が挙げられる。[*12]

ここで研究者が問われるべきは以下の点である。つまり七十人訳聖書において、さほど特徴的ではない文脈では、ほかの動詞、たとえばラトレウオー（*latreuō*）やドゥーレオー（*douleō*）をがあてられたのに対して、祭礼の文脈にかぎってはレイトゥールゲオーが選択されたことの理由である。もし、レイトゥールゲイン（*leitourgein*）という語が最初に登場する「出エジプト記」二五−三〇章において主が指示した祭礼の制度化とは、選ばれし民として、「祭司の圏域」（*mamleket kohanim*）として、「聖なる国」（*goj qados*）としてイスラエルを構成するという契約の明文化そのものにほかならない点に思いいたるなら、翻訳者がそこでギリシア語におけるこの語の政治的含意を明確に意識していたことは、おおいにありうることだとわかる。ここで重要なことは、七十人訳聖書が「わたしにとってあなたたちは、ほかのすべての民のなかでもっとも優れた民である」（*esethe moi laos periousios apo pantōn ton ethnōn*）と、人《ラオス》びとというギリシア語を強調する点である。この人《ラオス》びとという用語の使用は、「祭司の圏域」が「王の職能」と、聖なる国《ゴイ・カウダーシュ》が聖なる国民《エスノス・ハギオン》（*ethnos hagion*）と翻訳されることによって、「政治的」意味がいっそう強化されることとも符合する。ちなみに「王の職能を継ぐ祭司《バシレイオン・ヒエラテウマ》」（*basileion hierateuma*）とは、「ペテロの手紙一」二章九節において「あなたがたは、選ばれた民、王の職能を継ぐ祭司」と示唆的に反復されるイメージでもある。[*13]

イスラエルの「神の民」としての選出は、ただちに典礼的権能を構成する。つまり、祭司の圏域はそのまま王の職能という政治的権能になり、その結果、民は国民として聖化される。ちなみにイスラエルを表わす一般的な用語はゴイ（*goi*）ではなく、アム・カウダーシュ（*am qados*）つまり聖なる人びと《ラオス・ハギオス》（*laos hagios*）である。[*14]

א アレクサンドリアのユダヤ教において、通常、レイトゥールギアとレイトゥールゲオーは祭司の祭礼を意味する専門用語である。したがって、紀元二世紀の「アリステアスの手紙」のトーン・ヒエローン・ヘー・レイトゥールギア（*tōn hierōn hē leitourgia*）という表現は、祭司の祭礼にかかわる権能を指し示しており、実際それに続けて、犠牲の選別から香油や香料の処理にいたる祭礼の式次が述べられる。[*15] その直後の表現であるエレアザール・エン・テーイ・レイトゥールギアイ（*Eleazar en tēi leitourgiai*）は実際に司式する大祭司を意味しており、そこであわせて述べられるのは聖なる上衣と祭服の支度についてである。おなじことはフラウィウス・ヨセフスやフィロンの著作にも言うことができる。ただしフィロンの場合は隠喩的用法も見て取れる。たとえば、知性にかんして「純粋に神に仕える（*leitourgei theōi*）際の知性は、人間のそれではなく、神のそれである」という表現がある。[*16]

3　ここでとりわけ興味深いのは、「ヘブライ人への手紙」をあきらかな例外として措くとすれば、新約聖書におけるこの種の語彙の重要性が、相対的に低下していることである。レイトゥールゴスという用語が五回登場するパウロ書簡を除くなら、レイトゥールゲインとレイトゥールギアが登場するのは二度にすぎない。あきらかに一般的な用法である最初の箇所は、神殿におけるザカリアの祭司的権能にかんするくだりであり、もうひとつは、アンティオキアの教会《エクレシア》における五人の「預言者と教師」にかんするくだりである。[*17] 後者の「使徒言行録」の一節（*leitourgountōn de autōn tōi kyriōi*）は、かつてあきらかなアナクロニズムとともにそう提案されたことがあるにはあるが、「主のために神聖な奉仕をつかさどっていたとき」を意味するわけではない。ウルガータ版聖書が「彼らが主を礼拝するとき《ミニストランティブス・アウテム・イリス・ドミノ》」（*ministrantibus autem illis Domino*）とシンプルに翻訳しつつ理解していたように、レイトゥールゲインはここで「主のために共同体においてその権能を果たしていたとき」ということを表わす。ただしテクストがかろうじてあきらかにするように、この権能はあくまで預言者と教師（*profētai kai didaskaloi*）のものであり、祭司のそれではない。[18] そのため、ここでほかのレイトゥールギアが問題となっているのかどうかについては不明である。こと祈祷にかぎるなら、「ルカによる福音書」はだいたいそれに祈り《オラーレ》（*orare*）という用語をあてている。

さてパウロ書簡においても、この用語はおおよそ「共同体のための役割」という世俗的な意味を持っている。たとえばある一節では、共同体のための募金をレイトゥールゲーザイ、[19] もしくはディアコーニア・テース・レイトゥールギアス（*diakonia tēs leitourgias*）と言い表している。[20] 一方、エパフロディトがみずからの命を危険にさらしてなしとげたはたらきは、フィリピ人が提供できなかった「つとめ《リトゥルジーア》」を補完するためのものであったと記されている。[21] しかし、レイトゥールギアが祭司的な用語と意図的に並べられている箇所でも、それぞれの意味をうかつに混同しないよう注意すべきであり、異質な言葉をわざと近接させるというパウロ一流の用語選択の斬新さを忘れてはならない。その典型的な例は「ローマの信徒への手紙」一五章一六節の「異邦人のためにイエス・キリストに仕える《レイトゥールゴス》ものとなり、神の福音のために聖なるはたらきを果たすのです［*hierougounta to euangelion tou theou*］」という表現である。註釈者たちはこの箇所のレイトゥールゴスにはたらき《ヒエルールゲオー》の祭礼的な意味を投影して、以下のように述べている。

［パウロは］レイトゥールゴスを祭礼的な意味において、まさに祭司として理解しており、そのことは続く節が、この言葉を福音のためのはたらき《ヒエルールゲイン・ト・エウアンゲリオン》（*hierourgein to euaggelion*）という言い回しで補足していることから証明される。祭司は、祭司的代務によって、福音への奉仕を成就するのである。*22

ただ、「ローマの信徒への手紙」一二章一節における、供犠の祭礼を意味するラトレイア（*latreia*）と「言語学的」という意味の形容詞ロギケー（*logikē*）を並べる強引さにも通じる極端なこじつけによって、福音を聖なる行為《サクルム・ファーケレ》（*sacrum facere*）の不可能な対象とするヒエルールゲイン・ト・エウアンゲリオンという孤語がいっそう効力あるものになるのだとすれば、それはレイトゥールゴスが、いわば「共同体の権能の代理」という固有の意味を保持していればこそのことである。たとえばウルガータはそれをミニステール（*minister*）と正しく翻訳している。すなわち、神殿ではけっして起こるはずもないことがら、たとえば異教徒への告知や、その直後に挙げられる「異邦人の供え物」（*prosfora tōn ethnōn*）などを、神殿における祭礼上の用語と並べることはあからさまな挑発を含意しているのであって、パウロの説教に供犠的なアウラを付与しようとしたものではない。

「フィリピの信徒への手紙」二章一七節についても同様に考察できる。「さらに、信仰にもとづいてあなたがたがいけにえをささげ、つとめをおこなう際に［*epi tēi thysiai kai leitourgiai tēs pisteōs*］、たとえ濯がれる［*spendomai*］としても、わたしは喜びます」。ここで濯ぐ《スペンドマイ》という動詞とその後の語句が、いかにつながっていると考えるのかはともかくとして、この文がその力を十全に発揮するのは、以下のかぎりにおいてである。すなわち、パウロ的共同体が祭司などというものを知るはずがないことをふまえて、レイトゥールギアを祭司による奉仕であるとするアナクロニズムを手放し、パウロが意識して両者のあいだに緊張関係を導き入れたとまではいわないまでも、祭礼にまつわる用語と本来の「レイトゥールギアにまつわる」用語のあいだに緊張関係を見て取るということである。

ℵ ずいぶん以前に、ドゥニン＝ボルコウスキーなどが初期キリスト教の文献にかんして指摘したのは、ヒエレウス（*hiereus*）やアルキエレウス（*archiereus*）といった語がキリストについてのみ取り置かれる一方で、共同体の構成員や指導者については祭司的な用語が字義通りに適用されることがない点である。たとえばそれらは、監督（*episkopoi*）、長老（*presbyteroi*）もしくはしもべ（*diakonoi*）と定義されている。祭司的な語彙が登場するのはテルトゥリアヌス、キプリアヌス、オリゲネス以降のことである。[23] 監督《エピスコポイ》やしもべ《ディアコノイ》に言及する「パウロ書簡」がとりわけ関心を向けているのは共同体においてなされるさまざまな権能であって、[24] それらが祭司的な用語で定義されることはない。[25] たとえば「コリントの信徒への手紙一」一二章二八－三一節には「神は、教会のなかにいろいろな人をお立てになりました。第一に使徒（*apostolous*）、第二に預言者（*profētas*）、第三に教師（*didaskalous*）、次に奇跡をおこなう者（*dynameis*）、その次に病気をいやす賜物を持つ者（*charismata iamaton*）、援助する者（*antilēpseis*）、管理する者（*kybernēseis*）、異言を語る者（*genē glōssōn*）など」とある。また「ローマの信徒への手紙」一二章六－八節では「わたしたちは、与えられた恵みによって、それぞれ異なる賜物を持っています。預言の賜物を受けていれば、信仰に応じて預言し、奉仕の賜物を受けていれば、奉仕に専念しなさい（*diakonian en tēi diakoniai*）。また、教える人は教えに（*didaskōn en tēi didaskaliai*）、勧める人は勧めに精を出しなさい（*parakalōn en tēi paraklēsei*）」とある。

4

「ヘブライ人への手紙」の著者は、キリストのメシア的祭司としての職能にかんする神学を練り上げている。その文脈において、わたしたちが関心を寄せる語彙群は四度登場する。ふたつの契約をめぐって進むパウロの議論のなかで、[26] この神学の核心は対立する以下のふたつの極のもとに立ち現れる。つまり、アロンの末裔とされるレビ人が持つモーセの古い契約に符合する権能（*levitikē hierōsynē*）[27]と新しい契約との対立である。後者において、メルキセデクの末裔とされる大祭司（*archiereus*）の「つとめ《リトゥルジーア》」を引き継ぐのはキリストそのひととされる。さて「ヘブライ人への手紙」は、これらの語彙群にかんする四度の言及のうち、レビ人の祭礼に二度触れている。まず九章二一節において、モーセは「幕屋と、つとめにもちいるあらゆる器具に（*panta ta skeuē tēs leitourgias*）」血をふりかける。また、一〇章一一節では、古い契約による祭司について「すべての祭司は、毎日つとめをささげる［*leitourgōn*］ために立ち、おなじいけにえをくりかえしささげます」と記されている。これらに対して、残るふたつの箇所では、新しい契約による大祭司キリストのことが言及される。まず八章二節において、キリストは「聖所または真の幕屋において、つとめを果たすひとなのです」（*tōn hagiōn leitourgos kai tēs skēnēs tēs alēthinēs*）と定義される。[28]最後の八章六節では、キリストについて「よりすぐれた別のつとめ（*diaforōteras tetycken leitourgias*）を得ておられます。よりまさった契約にもとづいて定められた仲介者なのです」と記される。実際のところ、レビ人の供犠は天上の事物のたんなる痕跡にして影（*ypodeigma kai skia*）でしかなく、それゆえ、レビ人は彼らの供犠をなしとげることも完全なものにする（*teleiōsai*）こともできない。[29]それに対して、新しい契約の供犠において、キリストはみずからをささげて罪を贖い（*athetēsin hamartias*）、信者を清め（*kathariei*）、とこしえに聖なるものにする（*teteleiōken eis to diēnekes tous hagiazomenous*）という。[30]

ここで、テクストが想定しているつとめ《リトゥルジーア》とキリストのはたらきの一致について考えてみたい。たんに救済をもたらすキリストのはたらきが「つとめ」として提示されるだけではない。司式者がみずからをささげ物とする（*heauton prosēnenken*）偉大な供犠の祭司として、キリストがなしとげるのは、絶対にして完全であり、それゆえに一度きりしか成就しない典礼的はたらきなのである（*hapax prosenechtheis; mian... prosenenkas thysian*）。[*31] この意味において、キリストはあますところなくつとめと一致し、本質的につとめそのものとなる。まさにこの一致こそが、ほかに並ぶもののない効能をそのつとめに付与するのである。

仮にパウロの意図が、ふたつの祭司像に対して敢然と異を唱えつつ、ミサを執行する司祭の礼服を着せたメシアを提示することにあるのだとする。それは疑う余地がないのだが、忘れられるべきでないのは、ここで問題となっているメシア的な祭司が、レビ人の祭司からすべての点で区別され、字義通りの意味でそれと対置されるきわだった特徴を示しているということである。決定的なことは、レビ人の供犠はたえまなく反復され、罪の記憶を毎年更新する（*anamnēsis hamartiōn*）のに対して、新しい契約の供犠は、パウロが倦むことなく重ねて主張したように、ただ一度きりのものであり、いかなる手段をもってしても反復できないという点にほかならない。[*32] この供犠が帯びる反復不可能性についての主張、すなわち、ただひとりの祭司が「ただ一度［*efapax*］聖所に入って永遠の贖いをなしとげた[*33]」という一回性の主張にかんするかぎり、「へブライ人への手紙」の著者はメシア的なものの純粋な霊感に忠実であり続けている。後世の教会の営為とは相容れないパウロの主張からは、いかなる祭礼的なつとめも、根拠づけられることはない。キリストをつとめびと《レイトゥールゴス》として定義し、つとめびとによる「よりすぐれた、異なるつとめ」をたたえるまさにそのとき、この手紙の著者は、新しい契約による大祭司が神殿のとば口にて後に戻れないかたちで背中越しに扉を閉ざしたことを理解している。この意味において、「異なるつとめ《ディアフォローテラ・レイトゥールギア》」とは、祭典《チェレブラッツィオーネ》（*celebrazione*）、すなわち語源であるラテン語の形容詞ケレベル（*celeber*）が意味するところの本質的に反復可能ななにかでは、ない。キリスト教におけるつとめをめぐる逆説は、祭司的職能のモデルを大祭司《アルキエレウス》であるキリストの典礼的はたらきに求め、自分たちの祭典の根拠を「ヘブライ人への手紙」に求めておきながら、反復不可能な行為を反復し、祭典の対象たりえないものについて祭典を挙行しようと血道を上げていった点にある。

5 かつてルドルフ・ゾームは原始キリスト教団をカリスマ共同体と定義した。その内部には、本来的な意味での法的組織はなにひとつ存在しえなかった。

人間のことばではなく、ただ神のことばのみが教会を統治しうるということが確認されると同時に、以下のことも確認された。つまり、共同体において法的権力を行使しうる権限や任務を、教団の内部に設定するのは不可能だということである。神のことばはその外的な形ではなく、内的な力によってのみ認識されうる。教団はただその神のことばにのみしたがうのであり、教団は自由で内的な同意によって、それを神のことばだと認めるのである。〔…〕教団には、統治にかんする法的権力［*rechtliche Regierungsgewalt*］はなにひとつ存在しえない。[*34]

したがって、原始キリスト教団の組織は、ただ、カリスマ的性質を帯びるほかなかった。

教団は、恩寵の賜物（*Charismen*）の按分をとおして組織された。恩寵の賜物は信者各自に教団内で異なる活動につくことを求め、同時にそれを可能たらしめる。それゆえ、カリスマが求めるところの奉仕（*diakonia*）は、神から割り当てられた奉仕なのである。[*35]

ここから引き出されるさらにラディカルなテーゼは以下である。

教会法は教会の本質を否定する。真の教会、キリストの教会は、教会法など認めない。[*36]

ゾームによると、この状況が変わったのは「クレメンスの第一の手紙」によって証言される以下の瞬間である。つまり、長老と監督は「つとめ《リトゥルジーア》」に従事する権利を持ち、共同体は彼らからその役目を剥奪することはできないとする考え方に道が開かれたとき、つとめは「法的価値」を獲得するにいたったという。[*37] ゾームが述べるところによれば「クレメンスの手紙の直接的な帰結とは、古代ローマ共同体の組成における変化」であり、[*38] その最終的な結末は、原始キリスト教団からカトリック教会への、さらに、起源としてのカリスマ共同体からわたしたちにもなじみ深い法的組織への変換である。

本書はゾームの主張が巻き起こした教会史家と教会法学者の論争に立ち入る場ではない。わたしたちの考古学的調査の理法《オイコノミア》においてとくに興味深いのは、クレメンスの手紙におけるレイトゥールギアならびにその派生語が持つ、意味と重要性である。

6 クレメンスがコリントの信徒にあてた手紙は、司牧への関心が「つとめ《リトゥルジーア》」として理解された教会位階制の理論化という体裁を繕う、最初のテクストである。この問題の背景はつとに知られている。「ローマに避難している［*paroikousa*］教会」を代表する第四代教皇クレメンス一世は、コリントに避難している教会へあてて書簡をしたためる。そのコリントで起きていたのは、みずからの権能を剥奪された指導者と信者の分裂にいたる教団内の争いであり、まったき内戦（*stasis*）であった。[*39]「名なき者たちが名だたる者たちに、愚者が賢者に、年少者が年長者（*presbyterous*）

に」反抗する対立のさなか、クレメンスは断固として後者の側に立った。[*40] 彼の戦略において決定的なのは、以下の発想である。つまり、軍隊において「各自がその序列にそくして、王や隊長から命じられたことを遂行する」[*41]といった、いずれ教会の歴史のなかで長く命脈を保つ軍事的メタファーを持ち出すというよりも、むしろレビ人の祭司的職能をモデルとして、司祭や司教の権能を恒久的な「つとめ」として基礎づけるということである。もちろんクレメンスは、「ヘブライ人への手紙一」におけるキリストを祭司とみなす議論になじんでおり、ひとまずはキリストを「わたしたちの奉献の大祭司」（*archierea tōn prosforōn hēmōn*）と定義している。[*42] しかし彼の関心を引きつける要点は、その祭司的職能の特別な性格や効能というよりも、キリストが使徒的継承の基礎を構成することである。「キリストは神に由来し、使徒はキリストに由来します」[*43]。レビ人の祭司的な職能をキリストのそれに置き換える「ヘブライ人への手紙一」との矛盾、もしくは、すでに西暦七〇年にローマ帝国によって破壊されたエルサレム神殿において、祭司の権能は停止して久しいという明白なアナクロニズムという矛盾をきたしつつ、なおもクレメンスは、レビ人の世襲秩序と教会の使徒的継承とのあいだにパラダイム的な関係を制定するのである。このアナロジーが打ち立てられる際に、レイトゥールギアの概念は中心的役割を果たしている。

「エルサレム神殿では」ささげ物とつとめにかかわる〔*prosforas kai leitourgias*〕権能が果たされ

るのは偶発的にでも無秩序にでもなく、定められた時と機会にもとづくのであり、［…］個々のつとめ［*idiai leitourgiai*］は大祭司にゆだねられ、祭司には固有の地位が、レビ人には固有の奉仕［*diakoniai*］がゆだねられる。

教会でも、それと同様に、各人は定められたその固有の序列にしたがいつつ、神の思し召しのままにはたらかなければならず、「つとめにそくして制定された法令［*ton hōrismenon tēs leitourgias autou kanona*］にそむいてはならない」*[44]。実際のところ、使徒たちは司教の権能にかんする（*peri tou onomatos tēs episkopēs*）議論が起こることを見越しつつも、「彼らが任命した者が死んだのちは、たしかな者がつとめを受け継ぐこと［*diadexontai ... tēn leitourgian autōn*］を、規則として定めた」*[45]。だからこそクレメンスは、以下のとおり主張することができる。「キリスト者の群れに対するつとめの権能［*leitourgēsantas amemptōs*］を非の打ちどころなく果たしてきた者が、そのつとめを解かれることは正当ではない*[46]［*apoballesthai tēs leitourgias*］」。その上でクレメンスは、「長老［*presbyteroi*］が進めてきたすべての歩みと、彼らがたどり着いた実りゆたかな成果」へ賛辞を送る一方、「彼らが名誉をもって非の打ちどころなくいとなんできたつとめから」彼らを解いたコリントスの信者たちへの非難をもって自身の結論とする。*[47]

この手紙における用語レイトゥールギアが、共同体のための役割という元来の意味を保持しつつも、安定的かつ終身的であり、さらには法令（*kanōn*）と規則（*epinomē*）の対象となる役目という、あらたな特徴を獲得していることはあきらかである。[48]「設立、任命」（*kathistēmi*）、「仕事の継承」（*diadechomai*）という専門用語や「権威の支配下に置く」（*ypotassō*）という表現など、クレメンスのもちいる語彙のすべてがその方向を指し示す。対照的に、反抗する者はまさしく「内戦、反乱」（*stasis*）の責任を負うのである。また、すでに七〇人訳聖書でも見られたとおり、レビ人の祭礼というパラダイムへの言及をとおして、レイトゥールギアという用語に祭司のアウラと特徴が付与されるのだが、この時点では想定外のことであったにちがいない。すでに確認したとおり、「祭司」（*hiereus, sacerdos*）という用語が共同体の構成員を指すことを示す資料はひとつもない。いずれにせよ、共同体の内部にあって固有の名称を割り当てられることのない、偶発的かつ公的な役割であったはずのつとめ《リトゥルジーア》は、ある特殊な活動へと変容し始める。その活動とは、個々の主体をその正規の資格者として定義する傾向を帯びる「代務《ミニーストロ》」である。その資格は「クレメンスの手紙」では監督や長老に、時代がくだると司祭に認められる。しかし、いったいなにが、代務者の活動を定義するのか。いったいなにが、限定的なはたらきにかかわるひとつの圏域を典礼《リトゥルジーア》と定めるのか。

ℵ　「使徒的カノン」として知られる「使徒憲章」の一節を読むと、カリスマ共同体から法制上の組織への移行が、なにかしらすでに完結したできごとであったというだけでなく、それが緻密な戦略の対象をあらたに構成していたということがわかる。「使徒的カノン」、つまり、四世紀末の成立にもかかわらず、まさに使徒たち自身による著作であるかのように装ったこのテクストは、異言をはじめとするカリスマ的伝統をめぐる豊富な記述から始められている。しかし著者のねらいは、直後に定義される「教会組織（*ekklēsiastikē diatyposis*）」に対してカリスマ的伝統を矮小化する点にあることは、完全に明白である。まさしく問題は、使徒たちが司教の叙階から秘跡の儀式におけるる位階の分節にいたるまで、教会の輪郭もしくはその総合的な原型（*typos*）として定めた「憲章（*diataxeis*）」にある。「憲章」という専門用語はもともと遺言条項を指し示す。さて、「使徒憲章」において、司教を頂点とする教会位階制がほかから切り離されて構築されていることはあきらかである。つまり、「かつての供犠は、いまでは礼拝、祈願、感謝のはたらき［*eucharistiai*］になった。かつての初物、十分の一税、奉献は、いまでは贈与と寄進になった。それらを神聖なる司教が、わたしたちのために死んだイエス・キリストをかいして、神にささげている。司教はあなたがたにとって大祭司［*archiereis*］であり、司祭はあなたがたにとって祭司であり、助祭はあなたがたにとってレビ人である」[*49]。またそれに続けて、「何者かが司教抜きで為すことはなんであれ無為に終わること（*matēn*）」[*50]、さらに、「キリストをかいさなければ神に近づくことができないように、助祭をかいさなければ司教に近づくことは承認されないこと」[*51]が述べられる。

しかしエイレナイオスは、カリスマが使徒的叙階の継承に従属することはないと主張する。たしかに彼は「聖職者はその継承において、たしかな真のカリスマ（*charisma veritatis certum*）を受けとるのだから」司祭にしたがうよう勧める一節を残している。[*52] ただこれは、そう示唆されてはいるものの、エイレナイオスが司教に対してある種の無謬性を強く求めることを意味しない。むしろ、エイレナイオスがその直後で善き司教と悪しき司教を峻別し、カリスマに満ちた神の重要性をくりかえし述べていることから、彼は神のカリスマが教会の位階制にとって枢軸をなす要素だと考えていることがわかる。「神のカリスマが置かれるそのところに［*ubi igitur charismata dei posita sunt*］真理を学ばなければならない。そうすれば、そこには教会の使徒的継承とともに、正しく申し分ない生、そして腐敗も不純物もない言葉が見いだされる」。[*53] 二世紀末の時点では、教会における権能上の一致のもと、カリスマ共同体と位階制組織はいまだ踵を接していたのである。

7　ガイ・ストロームサは、最近の研究で、キリスト教における供犠イデオロギーの継続性に目を向けさせた。西暦七〇年における第二神殿の破壊以降、律法学者が主導するユダヤ教が、つとめ《リトゥルジーア》の霊化へ舵を切ったことはよく知られている。そのときつとめは、供犠的な行為をともなう一連の祭式から、事実としての供犠を代替するひとまとまりの祈祷へと変換されたのである。この観点にもとづくなら、トーラーのまなびを意味するタルムード・トーラー（*Talmud Torah*）は、供犠的儀式や「都市ヤブネに集った律法学者に取って代わり、おそらく自分自身にさえそれと告げることなく、ユダヤ教を非供犠的な宗教へ変換することに成功した」。[*54] 反対に、キリスト教は早々にみずからを「再解釈されたものであるにせよ、供犠を中心に据えた宗教」であると定義する。

イエスの供犠についてのキリスト教の想起《アナムネーシス》は、神殿における供犠についてのユダヤ教の記憶とは異なる力を有している。なぜなら、想起は神の子の犠牲を祭司の力によって再活性化することであるのだから。[*55]

ストロームサは、秘跡のつとめの構成が教父文学の時点からすでにして、意味し、告知することはあっても実現することはしない古い律法の秘跡と、自身の意味するものを成就する新しい律法の秘跡とのあいだの、明白かつ留保なき対立にもとづいていることを言い添えてもよかったはずである。

じつのところ「ヘブライ人への手紙」の作者は、キリストの祭司的職能にかんする教理と聖体祭儀とのあいだにいかなる結びつきも認めていない。本書は両者の連結を系譜学的に再構成する場ではないが、教会にとってそれが戦略的に重要であったことはあきらかである。すでにオリゲネスにおいて暗示されているように、この連結はしばしばひそやかに、ふたつの主題の単純な並置というかたちをとって現れる。[*56] たとえば「使徒憲章」におけるふたつのくだりが挙げられる。

主よ、あなたのしもべ、すなわちあなたがお選びになった司教にどうぞお認めください、聖なる信者を導くことを、あなたの御前で、至高の職能［*archierateuein*］を、非の打ちどころなく、昼と夜となく営み、［…］キリストをかいして、すなわちあらたな契約の秘儀をかいしてあなたが定められた血に塗れることのない清純な供犠を、あやまつことなく、逸脱も叱責もなしに、あなたにささげることを。[*57]

生まれながらに第一の大祭司たる［*prōtos ... tēi physēi archiereus*］神のひとり子キリストは、みずからこの高位を担ったのではなく、父なる神によって任じられたのです。キリストはわたしたちのために人間となり、神と父に霊的供犠を献げることによって、ひとりわたしたちにこの供犠をなしとげるよう命じたのです。[*58]

また、エピファニウスも以下のように述べている。

司祭が、わたしたちのため、メルキセデクの位階にそくして任じられたのは、それは司祭が、わたしたちのため、つねにとこしえにパンとワインの奉献をなすためであり、さらに、あの方が十字架上で自分をささげられたのちに、古い契約によるあらゆる供犠を停止するためであったのでしょう。*59

それからやや時代がくだり、このふたつの主題の近接は、アンブロジウスとアウグスティヌスのそれぞれの著作にも現れる。

主イエスでなくして、いったいだれがこの秘跡の為し手であるというのか。［…］アブラハムの時代に、始まりも終わりも持たない聖メルキセデクが供犠をささげたとき、それがこれら秘跡の予表［*figuram*］であったということをわたしたちは学んだ。ひとよ、聞きなさい、使徒パウロがヘブライ人にむけて語ることを。*60

メルキセデクの定めた位階によれば、キリストはとこしえにわたしたちの祭司でもあり、わたしたちの罪のゆえにみずからを供犠にささげ、受難の記憶のもと、彼の似姿を祝福するようわたしたちに薦めた。それは、かつてメルキセデクが神にささげたものが、今後この地上すべてのキリストの教会でささげられるのをわたしたちが見るためであった。[*61]

いずれにしてもここで重要なのは、ふたつの異なるテクストを組み合わせることで、聖体祭儀の制定がイエスの祭司的はたらきによるものとみなされていることである。「ヘブライ人への手紙」の教理にもとづくなら、イエスは、メルキセデクの定めた位階における第一の祭司として行為し、それによって使徒や教会における後継者たちへ祭司の代務を伝えるのである。この意味で、教会位階制における祭司的特徴の定義は、まさに第一の祭司としてのキリストという教理をかいして、秘跡のつとめ《リトゥルジーア》を基礎づけることで構成されたともいえる。カトリック教会における典礼《リトゥルジーア》の「大全」であるグリエルムス・ドゥランドゥス『典礼大全』では、キリストの祭司的職能にかんする教理と聖体祭儀のつながりはひとつの定式にして自明とされている。

> イエスが「これはわたしの体であり、これはわたしの血である」と言い、「わたしについて、このことを銘記しなさい」と命じながら、パンとワインを自身の肉と血に変化させたとき、主は、メルキセデクによる位階にのっとった祭司として、ミサを制定したのである（*Missa instituit Dominus Iesus, sacerdos secundum ordinem Melchisedech, quando panem et vinum in corpus et sanguinem suum transmutavit, dicens: «Hoc est corpus meus, hic est sanguis meus», subiungens: «Hoc facite in meam*

commemorationem»)。*[62]

トリエント公会議第二二総会第一章において、疑いの余地なく決議されたのは、キリストの祭司的職能は創設的にして永遠という性格を持つこと、そしてそれは聖体祭儀において更新され、永続するのであり、その執行において教会は「ヘブライ人への手紙」のいう司式者キリストと結ばれるということである。

キリストは十字架上で死の苦しみを耐え、わたしたちのために永遠の贖いを執りおこなうべく、ただ一度だけ、自分を父なる神へとささげた。その死は、しかしながら、彼の祭司的職能の終わりを意味しない。つまり、自分が裏切られたまさにその夜、最後の晩餐において、彼は教会、すなわち自身が愛する花嫁へ、目に見えるひとつの供犠を託した。それは、十字架上の血にまみれた仕方でただ一度だけなしとげられた供犠を、時の終わりにいたるまで現前させ、記念するためである。［…］メルキセデクによる位階にのっとって自身が祭司として永遠に任命されたことを明確にするべく、彼は父である神に自分の体と自分の血を、ミサのためのパンとワインという見かけのもとにささげ、使徒たちに、それらのしるしのもとで、パンとワインを食べるよう供した。同時に、彼は使徒たちをあらたな契約による祭司のようにして任命し、彼らとその後継者に、同様の供犠をささげることを命じたのである。

「永遠の祭司」キリストという観念のもと、「ヘブライ人の手紙」の「ただ一度だけ」(*hapax*)は、教会によってたえまなく繰り返される聖体祭儀の「時の終わりにいたるまで」と継ぎ合わされ、「クレメンスの手紙」にもとづく教会位階制の連続性は、祭司的刻印を受けることになる。二〇世紀に出された回勅における典礼の定義は、この結び目を固くすることに終始している。

聖なる典礼は公的な祭礼である。それはわたしたちの贖い主が、教会の首長として、天上の父のもとに授ける、キリスト者の共同体がみずからの首長にささげ、その首長をかいして永遠の父にささげるものである。[63]

教会がみずからの典礼の実践を「ヘブライ人への手紙」の上に打ち立てたこと、すなわち、教会が司式者《レイトゥールゴス》にして大祭司であるキリストによって成就された供犠のたえまない再現働化をみずからの中心に据えたことは、キリスト教の典礼をめぐる真理とアポリアを同時に構成している。たとえばアウグスティヌスは、これを「一度きりの供犠［…］しかし毎回の供犠」(*semel immolatus ... et tamen quotidie immolatur*)という対照句によって要約してもいる。教会の歴史において、その中心的な「秘儀」としてたえず現れる問題は、まさに、秘跡の典礼の実在と効能をどのように理解するべきかという問題、そしてまた、この「秘儀《ミステーロ》」がいかにして「代務《ミニステーロ》」、すなわち、教会位階制の構成員による特殊な実践というかたちを取りうるのかという問題にほかならない。

8 キリストの供犠が帯びる典礼的な性質にかんする教説は、その起源をいみじくも三位一体の教理に持つ。別の場で確認したのは、教父たちが神における実体の単一性と位格の複数性を調停するためにグノーシス主義者たちと熾烈な議論を重ね、ついにはオイコノミアという用語のもとに、また、神的な生と創造をめぐる「運営」ならびに「経営」という活動のもとに、三位性の教理を定式化したということである。[*64] モナルキア主義者に対抗したテルトゥリアヌスは、神的な「経済《エコノミーア》」として三位一体の教説をまとめ上げた最初のひとりに数えられる。その彼は以下のように述べている。

唯一の神を信じなければならない。しかし、そのオイコノミアとともに信じなければならない。[…]単一性はまさに自身のうちから三位性を引き出しているのであり、三位性によって破壊されるのではなく運営されるのである[*non destruatur ab illa sed administretur*]。

テルトゥリアヌスは神の贖いの次元にかんする「秘儀の秩序」〔*oikonomia tou mystēriou*〕というパウロ書簡の表現を転倒させる。[*65] ヒュッポリトス、エイレナイオス、テルトゥリアヌスの三人は、三位性と、三位性が「秩序の秘儀」として救済をもたらすはたらき（*mystērion tēs oikonomias, oikonomias sacramentum*）との分節そのものをこのように示している。しかし、救済という神のわざの「秘儀的」な性質が強調される結果、以下のこともあきらかになる。つまり、存在の次元においては回避されつつあった切れ目が、神とそのはたらき、さらに存在論と実践の不一致としてふたたび立ち返ってくるのである。パウロも述べるとおり、神による贖いという次元は、それ自体は明快であるオイコノミアを要請するものであり、もはや秘儀的なものではない。他方、ここで秘儀的ないしは不可思議になったものこそ「経済《エコノミーア》」、つまり、神がみずからの被造物に対して救済を担保するための実践そのものなのである。ここでギリシア語のミュステーリオン（*mystērion*）やラテン語のサクラメントゥム（*sacramentum*）という同義語に割り当てられるべき本質的な意味とは、神の経済《エコノミーア》が秘儀というかたちを取ることにほかならない。

受肉によって、キリストはみずからにこの秘儀的な経済《エコノミーア》を引き受ける。しかし、「人の子は神によって栄光化され、神は彼によって栄光化された」という「ヨハネによる福音書」の一節にかんがみるなら、この「経済《エコノミーア》」は、子をかいして父を、そして父をつうじて子を栄光化、顕在化する相互的なものである。オリゲネスの「ヨハネによる福音書」への註釈でも、救世主の「受難の経済《エコノミーア》」は、子が父を啓示しつつ賛美する際の栄光の経済《エコノミーア》と完全に一致している。オイコノミアの秘儀とは栄誦的な秘儀、つまり典礼的な秘儀なのである。

三位一体の「経済《エコノミーア》」において、キリストは父の栄光とともに贖罪を処理する「会計係《エコーノモ》」としてはたらく。このアポリアをはらむオイコノミアの観念をふまえて読まれるべきなのが、「ヘブライ人への手紙」の教理である。そこでキリストは、司式者《レイトゥールゴス》としての装いのもと、「つとめ《リトゥルジーア》」、すなわち、人類の贖いという「公的」で「供犠的」な役割をみずからになう大祭司の姿で現れる。したがって、三位一体にまつわるキリスト論は隠喩的な複式簿記をかいして練り上げられる。「ヘブライ人への手紙」における、贖いの司式者キリストという政治的かつ祭礼的メタファーと、教父の著作における、救済の聖なる秘儀の運営者にして按分者キリストという「経済的」メタファーは、寸分たがわず一致する。このふたつのメタファーをめぐる連関と緊張は、キリスト教の典礼《リトゥルジーア》が位置している場《ロクス》（***locus***）をあきらかにする。キリストは、みずからの供犠もしくはみずからの「秘儀」をつとめにそくして挙行することで、三位一体の経済《エコノミーア》を完遂に導く。経済《エコノミーア》の代務は、それが救済のオイコノミアであるかぎりにおいて、典礼の秘儀へと翻訳されて成就する。そこで経済的メタファーと政治的メタファーは一体となる。

近代の神学者は、往々にして以下のふたつを区別する。つまり、人間を救済するはたらきとして神を定義する「経済的ないしは啓示的三位性」と、神の生の内的分節を定義する「内在的ないしは実体的三位性」である。経済的三位性と内在的三位性は、典礼のもとに一致するはずである。しかし、そもそも三位性の「経済的-秘儀的」パラダイムが内包するさまざまな緊張と矛盾は、教会の公的活動である典礼的秘儀をしるしづけつづける。そこで、秘儀と経済《エコノミーア》、祭司的はたらきと経済的-政治的実践、そして、為されたわざ（*opus operatum*）と為す者のわざ（*opus operantis*）は、徹底して区別されつつも重ね合わされつづける。「出エジプト記」一九章六節における「祭司の王国」と、七〇人訳聖書ならびに「ペテロの手紙一」における「王の職能」は、教会の典礼をめぐるパラダイムとアポリアを定義するのである。

9　「ヘブライ人への手紙」と「クレメンスの第一の手紙」はふたつの極を構成する。この両極をめぐる緊張をかいして、キリスト教の典礼《リトゥルジーア》はみずからの分節と定義づけをとめどなく進める。一方には、効力があるものの反復されえない秘跡の一回性（*semel*）があり、その唯一の主体はキリストである。他方には、共同体内で司教や長老によって執りおこなわれる「典礼」の日常性（*quotidie*）がある。一方には、カヴァシラスの典礼註解書において「成聖」（santificazione）といわれるところの、完全なる供犠の秘儀（*mistero*）があり、その効果が成就するのはただ一度きりである。他方には、カヴァシラスが「表明」（*sēmasia*）と呼ぶところの代務（*ministero*）があり、それをかいして聖職者たちは記念を挙行し、現前を更新しなければならない。[*66] 一方には、自身の歴史における決定的な瞬間に、それをかいして近代の教会が典礼的な伝統を賦活しようとした回勅「メディアトール・デイ」で語られた典礼の「客体的」な要素、つまり「キリストの秘儀体」がある。その作用素は恩寵であり、これが顕現するのはカリスマのうちにおいて、つまり、ある行為のたんなる成就であるところの為されたわざによる《エクス・オペレ・オペラート》(*ex opere operato*)秘跡のうちにおいてである。他方には、祭礼の「主体的」な要素があり、これは信者の介入、つまり、為す者である教会のわざによって《エクス・オペレ・オペランティス・エクレシアエ》(*ex opere operantis Ecclesiae*)もたらされる。[*67]

回勅「メディアトール・デイ」が、ほとんど悪魔払いのごとく躍起になって否定するのは、以下のことである。それは、「神のはたらき」と「人間の協働」のあいだの矛盾であり、「為されたわざ《エクス・オペレ・オペラート》から生まれる、秘跡の外部としての祭礼の効能」と「いわゆる、為す者のわざ《オプス・オペランティス》と呼ばれるような、はたらきを按分しつつ受領する者たちによって価値あるものとなるはたらき」のあいだの矛盾であり、そして、「修道的生と典礼的慈悲」のあいだの矛盾である。[*68] この矛盾を否定することの執拗さは、神学者たちがついには解明するにいたらなかったひとつの困難を、はからずも露呈している。

キリスト教の典礼を定義するものは、アポリアをはらみつつも、倦むことなくくりかえされてきた、以下のたくらみにほかならない。つまり、神のわざ《オプス・ディ》と了解された典礼的行為のもとに、秘儀《ミステーロ》と代務《ミニステーロ》を同一視しながら分節する試みであり、さらに、効力のある救済論的行為としてのつとめ《リトゥルジーア》と聖職者の共同体的奉仕としての典礼《リトゥルジーア》を一致させる試みであり、ひいては為されたわざ《オプス・オペラトゥム》と為す者である教会のわざ《オプス・オペランティス・エクレシアエ》を一致させる試みである。

ℵ　「神のわざ《オプス・ディ》（*opus Dei*）」という連辞の創案は、デュ・カンジュの権威にもとづいて『ベネディクト会会則』に帰されるのが常である。たしかに『会則』において、この連辞はしばしば典礼的任務の意味でもちいられている。ただこれについても、実際のところ、『会則』の編纂者は第一の典拠『レグラ・マギストリ』に依拠している。そのヴォゲ版のコンコーダンスによれば「神のわざ《オプス・ディ》」という表現は三〇回ほど登場している。つまり、ヴォゲ版によれば、『レグラ・マギストリ』が編纂されたという六世紀最初の二五年間ですでに、この連辞は修道的任務をあらわす用語であったことが示されている。仮にこの連辞が『レグラ・マギストリ』の著者による表現だとするなら、ここで重要なことは、この表現が神のわざの作業場《オフィキーナ・ディヴィナエ・アルティス》（*officina divinae artis*）という、彼の修道院の定義に由来しているかもしれないことである。「修道院は作業場であり、そこでは、体に宿った堅固な心の道具で、神聖なるわざの作業が、行き届いた配慮と我慢強さによってなしとげられうる（*Officina vero monasterium est, in qua ferramenta cordis in corporis clausura reposita opus divinae artis diligenti custodia perseverando operari potest*）」。[*69] 先に言及したつとめ《リトゥルジーア》と三位一体の経済《エコノミーア》の一致にかんがみるなら、「神のわざ《オプス・ディ》」という表現の起源は、おそらく「第一の神のわざ《プリームム・オプス・ディ》」というキリストの定義に求められるべきである。この定義は、たとえば、四世紀なかばのアリウス派のテクスト「カンディドゥスのガイウス・マリウス・ウィクトリヌスへの手紙」における神の生成にかんするくだりに登場する。「神の子、すなわち神のみ言葉であり、彼をとおしてあらゆることが発生し、彼ぬきではあらゆることが発生しない者であるイエス・キリストは、神による生成ではなく神の作用によって、神のわざの第一にして起源のものとしてある（*Dei filius, qui est logos apud Deum, Jesus Christus, per quem effecta sunt omnia et sine quo nihil factum est, neque generatione a Deo, sed operatione a Deo, est primum opus et principale Dei*）」。[*70] いずれにしても、「神のわざ《オプス・デイ》」という、その効能を修道院制度という枠を超えて増幅した連辞は、典礼《リトゥルジーア》の文脈において固有の意味を獲得する。そこでは、秘儀《ミステーロ》と代務《ミニステーロ》、祭司の役割と共同体の義務がそれぞれ一致するような場が想定される。この連辞が、一九二八年にホセマリア・エスクリバー・デ・バラゲルによって創設された強大なカトリック組織と結びつく今日、その呼称の選択も以上のような前提と完全に一貫性を保っていることを忘れてはならない。

10 回勅「メディアトール・デイ」における為されたわざ《オプス・オペラトゥム》と為す者のわざ《オプス・オペランティス》の区別は、スコラ学の伝統に由来する。その裁可はトリエント公会議第七総会第八条に確認することができる。

もしだれかが、あらたな律法にもとづく典礼によって、為されたわざによって《エクス・オペレ・オペラート》、恩寵を授けられることはないと言うのであれば、さらに、神の契約への信仰さえあれば恩寵を得るのに十分であると言うのであれば、その者は破門される《アナテマ・シット》（*anathema sit*）。

この定式化には、教会の典礼《リトゥルジーア》の実践を構造的に定義づける原則が現れている。つまり、秘跡における客体化の効能と価値は、現実にそれをつかさどる主体から独立しているということである。このようにして、為されたわざ《オプス・オペラトゥム》はその実効的な実在における秘跡行為を指し、為す者のわざ《オプス・オペランティス》、もしくはもっとも古い表現でいうなら、為すところのわざ《オプス・オペランス》は、動作主によってなしとげられるはたらき、そして、精神と身体の布置によって評価されるはたらきを指す。

この区別の起源は、三世紀から四世紀にかけて教会を二分した、洗礼の価値をめぐる議論に見いだされる。そのなかでも、二五六年にかわされたキプリアヌスと教皇ステファヌス一世による議論、もしくは、三九六年から四一〇年にかけてかわされたドゥナトゥス派とアウグスティヌスによる議論はもっとも重要なものといえる。いずれの場合も、キプリアヌスとドナトゥス派に抗弁しつつともにはっきりと肯定されるのは、異端者や不適切な代務者からほどこされた洗礼の価値であり、言い換えるなら、祭司のはたらきと秘跡が客観的効能を持つことの保証である。つまり、司式者の主体にかんする条件は、秘跡と祭司のはたらきにいっさい影響をおよぼすことはなく、まして無効にすることもない。アウグスティヌスは、たとえばユダから洗礼を受けた者も、ふたたび受洗するべきではないという。なぜなら、その者に洗礼をほどこしたのはキリストであり、「ゆえに、たとえば、酒に酔った者、人を殺した者、姦通した者から受洗したとしても、キリスト教の洗礼を受けたのであれば、その者はキリストから受洗したのである」[71]。あらゆる制度で起こりうることとして、ここで重要なのは制度の名のもとに成就する行為の価値を担保するために、個人がみずから行使する権能から切り離される点である。

為されたわざ《エクス・オペレ・オペラート》から生じる秘跡の効能にかんする教理は、すでにトマスにおいて完全に練り上げられている。最初に、ヘブライ人の律法にもとづく秘跡、すなわち「為されたわざから《エクス・オペレ・オペラート》の効能ではなく、ただ、信仰をかいした効能しか持たなかった」秘跡と、あらたな律法にもとづく秘跡、すなわち「為されたわざから《エクス・オペレ・オペラート》恩寵を授ける」秘跡が区別される。[72]『神学大全』で秘跡をあつかう第三部第六〇-六五問が展開するのは、為す者のわざ《オプス・オペランティス》と主体にまつわる条件の無効化である。これは、キリストそのひとが第一動因となった行動の道具的原因として、祭司を定義する教理にもとづいて進められる。

道具的原因がはたらくのは、みずからの形相にそなわる徳性によってではなく、ただ運動にそなわる徳性によってのみである。この運動の徳性は、第一の動因によって刻印されている。[73]

したがって、「教会の代務者は秘跡にさいして道具的に執りおこなう。それは代務者と道具は同一の定義を持つためである」[*74]。ここにおいて代務者は、キリストを動因とすることによって、執行のための「いのちある道具」に類するものとなる。そのため、代務者はもはや信徳や愛徳を備える必要がない[*75]。それればかりか、たとえば女性への洗礼を強姦の意図のもとにおこなうことがあったとしても、そのよこしまな意図が秘跡の価値を奪うことはないのである。たしかに、「代務者のよこしまな意図のために、秘跡におけるその者のわざは堕落せしめられるが、それでも、その者が代わりをつとめるキリストのわざが堕落することはない」[*76]。それこそが、為す者のわざによる《エクス・オプス・オペランティス》効能ではなく、為されたわざによる《エクス・オペレ・オペラート》効能なのである。

א　すでにインノケンティウス三世の『祭壇の聖なる秘儀について』に見いだされていた、為されたわざ《オプス・オペラトゥム》の教理にかんするごく初期の明快な定式化について、グルントマンはそれを、不適切な祭司から授けられる秘跡の価値をワルドー派とおなじく疑問に付したフランシスコ会の厳格主義運動とその論争への、ひとつの応答とみなす可能性を指摘した[*77]。この教皇は以下のように主張する。「聖体祭儀において、善き祭司はより良いなにかをなしとげるわけではなく、悪しき祭司はより劣ったなにかをなすわけでもない。［…］なぜなら秘跡は、祭司の価値をかいしてではなく、造物主のみ言葉において成就するからである。したがって、祭司の不適格さが秘跡の効果を妨げることはない。つまりそれは、医者の持病が薬の効果をそこなうことはないに等しい。たとえ、為すところのわざが、ときとして不純なものであったとしても、それでもなお、為されたわざはつねに純粋なのである」(*In sacramento corporis Christi nihil a bono maius, nihil a malo minus perficitur sacerdote … quia non in merito sacerdotis, sed in verbo conficitur creatoris. Non ergo sacerdotis iniquitas effectum impedit sacramenti, sicut nec infirmitas medici virtutem medicinae corrumpit. Quamvis igitur opus operans aliquando sit immundum, semper tamen opus operatum est mundum*)。[*78]

11　秘跡にかんする現代の学説は、七世紀の神学者ポワティエのペトルスの『命題集』に表わされた為されたわざ《オプス・オペラトゥム》という教理の最初の定式化に連なっていると一般的に言われる。ペトルスは生来の明敏さでもって、「フランスの錯綜」という項目において、ペトルス・アベラルドゥスに加えてジルベール・ド・ラ・ポレとペトルス・ロンバルドゥスを取り上げる。わざの区別を浮き彫りにするふたつの筋道への認識は、とりわけ模範的に表わされる。この教理における最初の分節は、じつは秘跡の理論ではなく、悪魔のはたらきの理論にかかわっている。ペトルスは錯綜を体現するような持ち前の文体をとおして語る。

悪魔もまた、神に仕える。そして神は、悪魔が為したわざを承認する。けれども、そのわざによって悪魔が為したことは承認しない〔*opera eius quae operatur, non quibus operatur*〕。為されたわざとは、よく言われるように、為す者のわざではない〔*opera operata, ut dici solet, non opera operantia*〕。為す者のわざはすっかり邪悪に染まっている。なぜなら、それは愛徳からやってくるものではないからである。たとえば神は、ユダヤ人に遂行されたキリストの受難を、ユダヤ人によって為されたわざ〔*opus indaeorum operatum*〕として、承認された。けれども神はそれを、ユダヤ人が為すところのわざ〔*opera iudaeorum operantia*〕として、もしくは受難を執りおこなうためのユダヤ人のはたらきとして、承認したわけではなかった。神は悪魔のはたらきによって苦しめられる。けれども、行為そのものに苦しむわけではない。神は、神が悪魔にするように命じたことを、悪魔が為すようなやり方で、悪魔がおこなうことを欲するわけではない。仮に、神が悪魔になにごとかをするよう命じるということを聖書で読むとして、その例としてアハズの背教に触れた「列王記」を挙げることができるが、〔…〕そのことを、あたかも神がそれを欲したようにアハズが命令したと、承服するわけには到底いかない。言い換えるなら、たとえ神は、悪魔がそれを為すように欲したとしても、それでも神は、悪魔がそれをするように為すことを欲するわけではない。たとえ、実際のところ、悪魔が神の欲するところのことを為したとしても、それは神が欲したようにではない。悪魔は、この意味において、つねに罪を犯している。*79

現代の学説における共通理解は、為《オプス・オペラトゥム》されたわざの教理の由来をポワティエのペトルスへ帰することが可能だとしても、それはあくまでも概括的なレベルにとどまるということである。ふたつのわざの区別にかんする最初の定式化、すなわち、祭司による秘跡の実践というパラダイムの強化につながる定式化は、神意のオイコノミアの内部に悪魔のはたらきを定義づけるために着想されたものだろう。このことは神学史家を困惑させないではおかない。ただじつのところペトルスは、洗礼の効能をあつかう『命題集』五巻において、わざにかんする区別を秘跡にかんする理論の領域へと移し替えている。

洗礼を受ける者は、洗礼をだれかしらの権威をかいして受ける。その権威は、キリストのものか祭司のものか、いずれかである。もし、受洗を祭司の権威をとおして受けていて、キリストの洗礼をとおして受けていないのだとすれば、そのとき、祭司は罪を赦している。他方、お清めはだれかしらのわざである。そのわざとは、洗礼をほどこすところのものか、洗礼をほどこされたところのものか、いずれかである。もし、お清めが洗礼をほどこすわざであったとすれば、そのとき、洗礼の功徳は洗礼者のものである。同時に、洗礼者は、洗礼のはたらき[*baptizatione*]の功徳も得る。ここで洗礼《バプティザティオ》のはたらきとは、行為者が洗礼をなすために経由するはたらきを指している。これは、いわゆる洗礼［*baptismus*］とは異なるわざである。なぜなら、洗礼《バプティサティオ》のはたらきとは為すところのわざ［*opus operans*］であり、それに対して、いわゆる洗礼とは為されたわざ［*opus operatum*］であるからだ。おおよそこのように言うことができる。[*80]

ℵ　ここで留意しなければならないのは、インノケンティウス三世とおなじくポワティエのペトルスが語ることもまた為すところのわざ《オプス・オペランス》についてであって、後世の神学者が取りざたする、為す者のわざ《オプス・オペランティス》についてではなかった点である。のちにわたしたちも確認するように、この区別にはある種の革新性が認められる。つまりこの区別は、たんにはたらきと主体を分割するだけにとどまらず、そのはたらきそのものも分割する。つまりはたらきは、ここではじめて、動作主によって執りおこなわれるものと、執りおこなわれたそのもの自体に分けて考えられる。この分割は実効性という相に位置する。

12　ここにいたって、為されたわざ《オプス・オペラトゥム》と為すところのわざ《オプス・オペランス》を区別する戦略の賭け金はあきらかとなる。それはひとつのはたらきにかかわる実効的な実在を、以下のふたつから分離する点にある。まず、はたらきにかかわる実在は、はたらきを遂行する主体から切り離される。このとき主体は、そのはたらきにまつわる一切の責任を免れるだろう。つぎに、はたらきにかかわる実在は、はたらきを実現するプロセスから切り離される。ここで立ち止まって考えなければならないのは、のちに祭司的はたらきにそなわるきわだった規則である。祭司的はたらきはふたつに分けられる。一方には、為されたわざ《オプス・オペラトゥム》が措定される。これは、はたらきそのものから生じる効果であり、神の経済《エコノミーア》のもとで果たされる権能に相当する。他方、為すところの《オプス・オペランス》わざもしくは為す者の《オプス・オペランティス》わざが措定される。これは、動作主がはたらきを遂行するさいに経由する主体の布置、主体の様態に相当する。したがって、神のわざ《オプス・ディ》としての典礼《リトゥルジーア》とは、まったく別個でありながら同時に結託もしているふたつの要素の分節から生じた、実効性の諧いなのである。

主体とそのはたらきの倫理的な結び目は、このように裁断される。ここで重要となるのは、もはや主体の高潔な意図ではなく、ただ、はたらきが神のわざ《オプス・ディ》として果たす権能のみである。神への奉仕のもと、悪魔によるはたらきが、為されたわざ《オプス・オペラトゥム》として果たされるとする。たとえそのはたらきが為す者のわざ《オプス・オペランティス》としては邪悪なままであったとしても、その祭司による典礼のはたらきはただちに神のわざ《オプス・ディ》として効力を持つ。よしんば、その祭司が罪を犯した不適格者であったとしても、である。こうして典礼《リトゥルジーア》ははたらきにかんする特殊な圏域を定義する。この圏域において、大祭司キリストの手で為されたわざ《オプス・オペラトゥム》という「ヘブライ人への手紙」の秘儀的パラダイムと、為す者である教会のわざ《オプス・オペランティス・エクレシアエ》という「クレメンスの手紙」の代務的パラダイムは、同一にして不同である。しかし、祭司のはたらきからただ祭司の人格的実体を切り離して奪うことの帰結は以下である。つまり祭司は、みずからを超越する秘儀のための「いのちある道具」として実際に作動することはなく、それでもなお、代務に携わる正規の資格としてみずからに固有のはたらきをどうにかして行使する。この意味において、一方で為されたわざ《オプス・オペラトゥム》と秘儀にかんがみるなら、まず祭司は、主体ではなく道具である。トマスの言葉にもあるように、「彼はみずからの形相の徳性ではたらかない」。他方で代務にかんがみるなら、その後に祭司は、みずからに固有のはたらきをトマスが語った斧のようなものとして保持する。「道具は、ただみずからに固有のはたらきを遂行することによって、すなわち切断して分割することによって、みずからの道具的はたらきを完成する」[81]。いのちある道具としての祭司とは、つまるところ、「秘儀の代務」にかかわる矛盾した主体にほかならない。祭司のもとで、為す者のわざ《オプス・オペランティス》と為されたわざ《オプス・オペラトゥム》が一致させられるとすれば、それは後者から前者を区別するかぎりにおいてのことである。また、その区別がつけられるとすれば、それは為す者のわざそのものが消滅するかぎりにおいてのことである。したがって、ここで言いうることを言語行為論の専門用語にそくして表わすとすれば、このようになる。すなわち、適切なものは不適切であり不適切なものは適切である。

א　一九四七年の回勅「メディアトール・デイ」にかんして重要なことは、為されたわざ《オプス・オペラトゥム》と為す者である教会のわざ《オプス・オペランティス・エクレシアエ》の区別という問題については明確に注意がうながされる一方、その両者の水位の差、つまり、そこに残された不一致《ディスクレパンティア》（*discrepantia*）という問題については、可能なかぎりの矮小化が試みられる点である。「わたしたちの時代に考えだされた、しりぞけられるべき偽の対立」という見出しのもと、このテクストは「霊的生活」を以下のように規定する。「永遠の救済のため、霊魂に恩寵を注ぎこむ神のはたらきと、神の賜物をむなしくしない人間が協働する困難なわざ［*sociam laboriosamque hominis operam*］とのあいだには、ひとつの矛盾も対立もない［*discrepantia vel repugnantia*］。為されたわざから《エクス・オペレ・オペラート》生じる、秘跡の外的な儀式の効果と、為す者のわざ《オプス・オペランティス》と呼ばれる、秘跡を授ける者と受ける者において称賛されるはたらきのあいだにも、なんら矛盾はない。公的な祈祷と個人的な祈祷のあいだにも、修道的生と典礼的生のあいだにも、さらには、教会位階の教導権と、いみじくも祭司的権能と呼ばれる、神の代務としていとなまれる権能とのあいだにも、いっさい矛盾はない」[*82]。

しかしこのテクストは、すくなくとも秘跡にかんするかぎり、祭礼の効能は「とくに第一に、為されたわざから《エクス・オペレ・オペラート》」生じると再三くりかえしている。そのため、回勅がどうにか肯定しようとする為す者である教会のわざ《オプス・オペランティス・エクレシアエ》の必要性を、いかに了解すべきか判然としない[*83]。

ここで了解しうることは、アクティヴィストの活動ならびに必要なイニシアティブと歴史の弁証法的法を、分裂させつつも結託させるような神学的モデルである。一方でそれは、アクティヴィストたちの効能を保証しつつ、他方でそれは、マルクス主義的伝統の実践を永続的にしるしづけた。

レイトゥールギア（*leitourgia*）という用語の語源的意味との連続性を完全に保つように、教会はみずからの典礼《リトゥルジーア》の「公的」性質をつねに強調してきた。信者による信仰と個人的な祈祷はたしかに重要である。しかし回勅「メディアトール・デイ」の警告にかんがみるなら、その信仰と祈祷は、聖体祭儀が中心にすえられた公的祭礼への参列があってこそ、固有の価値を持つ。[*1] ひとたび、この参列から切り離されてしまうやいなや、その信仰と祈祷は「非難すべき不毛な」ものになるという。[*2] 回勅に織り込まれた典礼の定義に表われるその公的性質は、政治史ではつとに知られたイメージであるキリストの「秘儀的身体」をかいして説明される。この「身体」は、信者の社会と信者の「首長」の、不可分の結びつきによって構成される。「聖なるつとめ《リトゥルジーア》とは、イエス・キリストの秘儀的身体の、すなわちその首長と四肢の、公的にして補完的な祭礼である」。[*3]

典礼的集合体としての教会が帯びるこの政治的意義は、エリク・ピーターソンが一九三五年の天使にかんする著作で取りあげたメインの主題である。「教会とは、天上の街の、完全に清廉なる［*Vollbürger*］市民の集合である。この市民は、祭礼を遂行するために集まった」。[*4] さらに以下のように述べられる。「したがって天上の教会の祭礼とは、地上の教会の典礼《リトゥルジーア》でもある。そこにおいて地上の教会は天上の教会とつながれ、両者は政治的な圏域においてたがいに根源的に連絡をつける」[＊5]。

天上の教会と地上の教会の区別、そして結合は、為されたわざ《オプス・オペラトゥム》と為すところのわざ《オプス・オペランス》に加えて、わたしたちが典礼を定義する際に確認した、内在的三位性と経済的三位性という、二重の分節に符合する。典礼が秘跡をめぐる実践をとおして具現化するのは、天上の教会と地上の教会にわたる政治的共同体であり、内在的三位性と経済的三位性のあいだの一致である。しかし、まさにこのことのために、典礼は二重性を構造的に刻印される。神聖な生そのものにおいて内なる作用を表出しようとするなら、「司式者」かつ祭司であるキリストの経済的活動、または、その秘儀的身体の経済的活動は、為されたわざ《エクス・オペレ・オペラート》によって効力を持つほかない。しかし、政治的共同体としての教会の実践を典礼によって定義しようとするかぎり、その構成員の為すところのわざ《オプス・オペランス》にもとづくほかない。回勅はいみじくもこれを裏づける。「贖い主のわざは、それ自体としてはわたしたちの意志に依拠するものではないが、永遠のなぐさめにたどりつくために、わたしたちの魂の内なる努力を必要としている」[＊6]。

このようにみずからの公的実践にそなわる特異な有為性を定義することをとおして、教会は人間の活動にかんするひとつのパラダイムを生み出した。このパラダイムの効能は、実際に実践に携わる主体に依拠することはない。それにもかかわらず、このパラダイムを具体化して有効にするために、この主体はなお「生きている道具」として必要とされる。三位一体をめぐる経済《エコノミーア》の秘儀の成就が典礼《リトゥルジーア》のもとにあるかぎり、典礼《リトゥルジーア》の秘儀とは、この実践の秘儀であり、この有為性の秘儀にほかならない。

2　秘儀から効果へ

1　「秘儀《ミステーロ》」（*mistero*）という語は、典礼《リトゥルジーア》をめぐる省察の中心に位置する。今日の教会がみずからの活動に抱く意識を深くしるしづけているこの省察において重要なのは、ライン地方のマリア・ラーハ修道院所属のベネディクト会士、オード・カーゼル（一八八六―一九四八）の著作である。カーゼルは、のちに「典礼運動」（*liturgische Bewegung*）と定義されたものに、もっとも大きな霊感を与えたひとりに数えられている。イルデフォンス・ヘアベーゲンは、マリア・ラーハ修道院の院長となってすぐの一九一四年の時点で、典礼的伝統にかんする資料の読み直しに取りかかっていた。その成果は、一九一八年から出版される『典礼資料と研究』と『祈る教会』という示唆的なタイトルのふたつの叢書として発表される。一九二一年、カーゼルはこれらの著作を補足するように『典礼学年鑑』を発表する。『典礼学年鑑』では、教会の祭礼にかんする体系的研究とともに、その歴史が提示された。刊行の続く二十年のあいだに積み上げられた文献学と語彙論、神学にまつわる膨大な研究の厚みの甲斐もあり、『年鑑』は後年、マリア・ラーハ修道院にささげられた研究書のタイトルが適切に定義している運動、「典礼の霊性から始まる教会復興」の重要な支柱になる。[*1] カーゼルとその後継者の観点のもと、典礼は、信仰や教理神学などほかの領域で意味を持つ祭式の成就といったものではなくなり、教会がそれによってはじめてみずからの生と実在を見いだす、この上ない神学的論拠（*locus theologicus*）というべきものになる。カーゼルは以下のように述べる。

キリスト教は、ただ、現代的な意味での「宗教」や「信条」というものではない。またそれは、ドグマとして多少なりとも安定した真理の体系という、多くのひとに受けいれられ、また信じられているようなものにもとどまらない。もしくは、ひとそろいの道徳的要請という、多くのひとが遵守し、もしくはすくなくとも認識するようなものにも限定されない。たしかにキリスト教はそうしたものでもある。つまり、ひとつの道徳律という真理の複合体であるのはまちがいない。しかしながら、キリスト教の本質はそれのみによって汲みつくすことはできない。[*2]

カーゼルの考察を要約した主張でもあるそのキリスト教の定義とは、本質的には「秘儀」であり、祭式というかたちのもと、キリストによるあがないの実践をそのつど現出させる、典礼のはたらきにほかならない。祭礼的共同体はその実践に触れることをとおして救済を得るのである。カーゼルは、現代という時代を定義づける世界の世俗化と合理化に抵抗して、秘儀の権利回復請求に着手する。

א　カーゼルならびに彼とともにあった典礼改革は、秘儀のはたらきが教会の実在の中心に位置することを強く主張する。同時にそれらがさりげなくほのめかすように思われるのは、教会の伝統において信仰に対する典礼の優位（*legem credendi statuat lex supplicandi; lex orandi-lex credendi*）を認めてきたいにしえの公理である。すでにカーゼルによって述べられたとおり「典礼のただしき伝統とは、信仰にかんする知見を記したあまたある資料のことだけでなく、信仰とあらゆる典礼を満たす活力にかんする重要な資料や証言のことでもある」[*3]。それゆえ、カーゼル学派の壮大な書誌学的成果に見られる以下の傾向は、偶有的なものではない。つまり、狭義の意味で神学的なテクストや聖書にかんする分析とくらべると、秘跡や典礼のテクストにかんする分析は卓越しているように見受けられるのである。あたかも現代の政治運動において理論よりも実践にアクセントが置かれるように、典礼は教理にまさる。この典礼運動の主張が教会内で大きな成功を収めたことは、ピウス一二世が自身の回勅の重要な一節を、運動の過激化への論駁にあてた理由かもしれない。たとえ典礼的実践の根本的な重要性を強調するとしても、典礼の規範が信仰の規範を決定するという原理は、そこでことごとく覆される。「したがって典礼はカトリックの信仰を、絶対的なありかたやそれ自体の力によって規定したり構成したりすることはない。［…］もし信仰と典礼をつなぐ関係を絶対的かつ概括的なありかたで表現し、定義しようというのであれば、まっとうにこう述べざるをえないだろう。つまり、信仰の法が祈りの法を規定するのである［*lex credendi legem statuat supplicandi*］」。[*4] しかし、くだんの一節の表題が示唆するように、ピウス一二世が保持しようと決意したのは「典礼と教義のあいだの緊密なつながり（*arcta connexio liturgiae et dogmatis*）」であり、[*5] このつながりのもと、典礼は「キリスト教の教理にかんする根本的な問題を解決する上で重要な論拠と証言を提示することができる」。[*6]

2

二〇世紀最初の二十年はいみじくも「運動の時代」と定義されてきた。政治上の立ち位置が右派であると左派であるとにかかわらず、政党はその地位を運動へと譲り渡した。ちなみに、労働運動とおなじくファシズムやナチズムも「運動」として定義される。しかし芸術、科学、さらには社会的生にかかわるすべての領域においてもまた、運動は学派や機関に取って代わるため、実際のところ、その網羅的なリストを提示することは不可能なほどである。これにかんして、一九一四年にみずからの学派の命名に悩んでいたフロイトが最終的に「精神分析運動」に決めたことは示唆的といえる。

そうした運動に共通する特徴は、みずからが生まれた歴史的文脈に対して、またみずからが相対する時代や文化において注目される展望に対して、明確に距離を取ることである。この意味では、第一次大戦後に勃興する多くの運動を定義する、個人主義的ヒューマニストや世界の合理化に対する同様の反応を、典礼運動もまた共有する。この観点をふまえるなら、一九三二年に刊行されたカーゼルのマニフェスト的著作『秘儀と秘義』において「秘儀への回帰」と銘打たれた第一章の解釈は、とりわけ模範的である。カーゼルは以下のように述べる。いわくわたしたちの時代は、自然と世界から神性を剥ぎ取ることによって、秘儀がまとう暗がりを永遠に追い散らしたと思い込んでいた個人主義とヒューマニズムの凋落を目の当たりにしている。合理主義的ヒューマニズムの瓦解を経て、わたしたちの時代はこのように「秘儀へ回帰する道」をふたたび開く。[*7] 世界は「あらためて神の力がはたらく領域」となり、「神の秘儀はあらためてわたしたちの眼前に迫る」。[*8] 数年来、世俗の圏域において起こりつつあったことについて、とりわけ、政治の領域における儀式と典礼の再発見にかんして、カーゼルはほとんど包み隠すこともせず以下のようにも述べる。

キリスト教の外にあり、教会の外にある世界もまた、今日、秘儀の探求に取り組んでおり、人間がみずからに祭礼をささげるあらたな祭式が組み上げられる。ただこのような方法で、世界は聖なる実在にいたることはできない。[*9]

3　カーゼルの戦略は、一九一八年にボン大学でアウグスト・ブリンクマンと討議された論考「ギリシア哲学者の秘儀的沈黙」において、すでにはっきりと謳われていた。わたしたちが、純粋な歴史学‐文献学の成果という体裁のもとに発見するのは、のちのカーゼルの仕事を牽引するふたつの主張である。

この論考の主題を構成する第一の主張とは、エレウシス、オルフェウス、ヘルメスといった異教の秘儀は、言葉で表わしうるような隠された教理として可視化されるものではありえず、むしろあきらかにすることを禁じられたものだということである。カーゼルによると、いわゆる「秘儀《ミステーロ》」という用語の意味は、さらにのちの新ピタゴラス学派や新プラトン主義の影響に端を発する。もともと「秘儀」が意味するのはひとつの実践であり、なにかしらの行動《ドローメナ》（*drōmena*）、身ぶり、行為などである。それらをかいして、神のはたらきはその時代とその世界における人類の救済のために現実のものとなる。「秘儀の沈黙は神学のいっさいを秘匿することはない、ただ、聖なるはたらきと祭式を除いて」（*silentium mysticum non qualecumque theologiam, sed actiones ritusque sacros texisse*）。[*10]

この論文を問いかけのかたちで締めくくる第二の主張は、じつのところ、かねてより企図された宣言である。

ギリシア哲学は終わったが、死んではいない。それゆえ、以下のように問うことができる。はたしてキリスト教は、秘儀にかんするギリシアの教理を取り戻し、あらためて使用に供したのだろうか。また、はたしてその教理の影響は、キリスト教の哲学や神学のみならず、その聖なる祭礼や道徳上の戒律にまで及んだのだろうか。とりわけ修道士たちの戒律においてはどうだったのだろうか。この議論については、別の場であつかうことにしよう［*qua de re alio loco erit agendum*］。*11

以降のカーゼルの著作はすべて、この計画の精励にして整然かつ執拗な具現化であると言える。語彙論－歴史学－文献学にわたる成果をまとめた壮観たるシリーズをとおして、カーゼルは以下のことをあきらかにしようとする。つまり、キリスト教的秘跡の典礼《リトゥルジーア》と異教の秘儀の結節点、ならびに、キリスト教の祭礼が本質的に有する「秘儀的」性質である。

ℵ　異教の秘儀とキリスト教の典礼とのあいだに連絡をつける試みは、じつのところ、「キリストの秘儀」(*tou logou ta mysteria*)をもって異教の秘儀に反駁したアレクサンドリアのクレメンスの身ぶりにおいて、すでにそれとなく表われている。[*12] いずれにせよ、一九世紀末から二〇世紀初めの十数年にかけて、ウーゼナからディーテリッヒ、またライツェンシュタインからウィルヘルム・ブセットにいたる宗教史家がこぞって指摘し、いっさいの疑念を排して実証しようとしたのが、くだんの異教的秘儀における救済の経験とキリスト教的告示とのあいだの明白な結び目である。この結び目の回復請求がベネディクト修道院に端を発して教会内へと広まっていったことは、この回復請求が二〇世紀神学において帯びるあらたな意味と、その普及にともなう論争を説明する。一九四四年、つまり回勅「メディアトール・デイ」とともに教皇庁が典礼運動の主張に対して明確な態度を示すその三年前においてなお、イエズス会士の神学者ヒューゴ・ラーナは「異教の秘儀とキリスト教の秘儀」にかんする講演で以下のように語ることができた。「今日においてなお、このテーマは熾烈な討論の対象である」。[*13]

カーゼルの説は、キリスト教の典礼にかんする非ユダヤ的系譜学を構成する試みとみなしうる。ただ、実際のところわたしたちは、ヴェルナの研究が示すとおり、キリスト教の典礼の多くの点はシナゴーグの典礼から直接派生していることを知っている。それでもカーゼルは倦むことなく繰り返す。「ユダヤ教は秘儀を知らなかった。[…]ヘブライ人による律法の宗教は秘儀的ではなかった。預言者において秘儀的観念が立ち現れるにもかかわらず、その預言者は祭礼に言及しない。秘儀の真正なる概念は、唯一、古代ギリシアの文化に見いだされる」[*14]。この意味において、時勢にもかんがみるなら、ユダヤ教的系譜学から距離を置く彼の姿勢にはなにかしら反ユダヤ主義的な無意識の含みがあったかもしれない。とはいえこの作者は、現実には、そうした傾向を表明したことはついぞなかったと思われる。

4

キリスト教の典礼は古代末期の異教の秘儀に由来するという主張は、神学者と典礼史家のあいだに果てしない議論を巻き起こした。カーゼルとその弟子たちは、ミステリウム（*mysterium*）、サクラメントゥム（*sacramentum*）、レイトゥールギア（*leitourgia*）といった用語にかんする意味論的歴史学、もしくは彼らが呼ぶところの「神学的文献学」に即して、語彙論研究の成果を発表する。それによると、すでに四世紀から五世紀にかけての教父たちは、一連の用語が異教的文脈において有していた意味を、明確に自覚していた。ラテン語のサクラメントゥムという用語が、古代世界の宣誓、つまりささげ物という表象における献納をともなう宣誓、そしてその意味では、秘儀的なイニシエーションのただなかに立ち現れるような宣誓に由来するという点にかぎるなら、カーゼルの生前には口火が切られていた論争はその死後も収まらなかった。

しかし「神学的文献学」にもとづく論戦は、より本質的な問題をあやうく隠蔽してしまいかねない。その問題は、異教的秘儀とキリスト教的秘儀のあいだの連続性という問題とも、また、典礼的秘儀の性質そのものについての問題とも、おおよそ関係がない。もし、カーゼルにとって秘儀とはなにを指すのかについて、わたしたちがしっかり理解しようとするなら、彼が論証上の戦略にもとづいて打ち立てた秘儀の権能を問いたださなければならない。それはなにとかかわっているのか、すなわちカーゼルにとって、キリスト教の定義における「秘儀《ミステーロ》」とはなにか? カーゼルにとって、異教の秘儀にいたる系譜学的つながりがそれほどまでに決定的なのはなぜか?

カーゼルにとって、秘儀とは本質的に「祭礼的はたらき」を意味する。したがって彼にとっては、キリスト教を秘儀として定義することは以下を主張することと同義である。つまり教会とは、たんに、ひとそろいの教義のなかに結晶化した教理の共有をとおして定義される信者の共同体なのではない。教会とは、なによりもまず、祭礼のはたらきによる秘儀の按分をとおして定義される共同体なのである。

救済の経済《エコノミーア》は、教理のみならず、救済をもたらすキリストのはたらきをも含んでいる。それと同様に教会も、言葉のみならず、聖なるはたらきをかいして、人類を救済へ導くのである。*15

それゆえ、キリストの贖いはわたしたちのなかで実現することになる。この贖いは、たんに、わたしたちを受け身の姿勢にさせる「適用」によって、たんに、信仰からのみやってくる「義認」によって、もしくはたんに、わたしたちがみずからをさえぎる障害を取り除くためにいただくキリストの恩寵の「授与」によってなされるわけではない。必要なことは、キリストによる贖いのわざへの本質的に能動的な参加である。受動的な参加とは、主がわたしたちの内ではたらかれるかぎりにおいて受動的である。能動的な参加とは、わたしたちがみずからのはたらきによって積極的に立ち会うかぎりにおいて積極的である。わたしたちの協働は、わたしたちの内にある神のわざ《オプス・オペラトゥム》（*opus operatum*）と一致しなければならない。これは神の恩寵の助けによって成就される。[*16]

よく吟味すると、以上の節は、教会とは政治的共同体のようななにかであると言っている。実際、カーゼルは「祭礼的共同体」という表現をもちいてもいる。この共同体が十全に実現するのは、ただ、特別なはたらきの成就、すなわち典礼の成就においてのみである。レイトゥールギアという語の起源である政治的意味を呼び起こすことで、カーゼルは「秘儀」と「典礼」というふたつの語が、じつはおなじひとつのことを異なる見地から表わしていると主張する。

「秘儀」とは、聖なるはたらきの内奥にある本質を表わす。すなわちそれは、栄光の主によって、主みずからが制定された聖なる祭式をとおして果たされる、贖いのわざである。「典礼」

とは、その語源的意味である「人びとのわざ」や「奉仕」に重なるものであり、より具体的には、キリストによる救いのわざと結びつく教会のはたらきを指し示す。[*17]

別のテクストにおいて、カーゼルは以下のことを明確にする。

秘儀とは教会における神のはたらき〔*göttliche Tat*〕を意味する。すなわちそれは客観的事実〔*objektive Tatsachen*〕のことである。この事実は、共同体〔*Gemeinschaft*〕をかいして共同体のなかへ到来するものである。それゆえこの事実は、共同体的奉仕〔*Gemeinschaftsdienste*〕のもとに、個人のレベルを超えた表出を見いだすのである。[*18]

この神のはたらきは、典礼のはたらきのなかで実効的に存在している。そのため、この典礼のはたらきは以下のように定義される。

〔典礼のはたらきは〕キリストによる贖いのわざの、教会をかいした教会のなかにおける祭式的執行〔*Vollzug*〕と定義される。すなわちそれは、象徴のヴェールの下にある、救済という神のはたらき〔*die Gegenwart gottlicher Heilstat*〕の存在にほかならない。[*19]

ℵ　典礼的秘儀における実際的特徴の重要性は、『典礼学年鑑』所収の最初期に発表されたカーゼルのテクストにおいて、とくに力強く主張される。なかでも「「行為《アクティオ》」（*actio*）の典礼的使用」がとりわけ重要なのは、このテクストが典礼と法のつながりを問題にしているからである。もっとも古い典礼書群、さらには古代ローマのミサ典書などに含まれる定型句の分析をとおして、カーゼルは、聖体祭儀の本来の名称がアクティオ、つまり「はたらき」であったことを提示する。ここで参照されるのはバウムシュタルクの見解である。バウムシュタルクによると、この用語の典礼的使用はローマ法に由来し、そこでアクティオはたらくという意味のもっとも優れたかたちであるレギス・アクティオ（*legis actio*）、すなわち正義を指し示す。[*20] ここでアクティオが表わしたのは、祭式における定型句の発声が帯びる、特殊な行為遂行的効能である。つまり、もっとも古い裁判の形式であるレギス・アクティオ・サクラメンティ（*legis actio sacramenti*）において、この用語は宣誓の役割も果たしていたのである。「ミサ典文がアクティオとも呼ばれたのは、そこにおいて、人びとと神のあいだに訴因［*quia causa populi in eo cum deo agitur*］が生じるからだ」と述べるオータンのホノリウスが、すでに裁判とミサのアナロジーに気づいていたにもかかわらず、カーゼルは以下のことをほのめかそうとするあまり、バウムシュタルクの主張が持つ射程を取りこぼしてしまう。[*21] つまり、アクティオという用語の典礼的使用は、むしろ、古代ローマの供犠にまつわる語彙群、たとえばアゲレ（*agere*）やファケレ（*facere*）といった用語の供犠的実践を指し示す意味体系と関連づけられるべきだというのである。「ミサ典文がアクティオとして明示されたことは、以下のことを証明する。つまりミサ典文の起源において、聖体《エウカリスティア》（*eucharistia*）をめぐる供犠的奉献という古代の観念、より端的に、典礼の観念は、なおも息づいていたのである。この事実はまた、キリスト教のいにしえの典礼を評価するうえで、重要な手がかりを提供する。かつて、典礼の内容はけっして無言の沈潜だったのではなく、典礼の主題も神学上の抽象的な教理だったのではない。そうではなく、典礼の内容と主題はただ、はたらくことであり、行為そのもの［*Handlung, Tat*］であった*[22]」。

　ここでカーゼルは、いつものように典礼の実践的性質を強調することにこだわるにもかかわらず、レギス・アクティオと典礼のアナロジーが、典礼的はたらきのきわだった本質の理解に道を開きうる点には、ついぞ気づかない。為されたわざ《エクス・オペレ・オペラート》が定義するところのそれによる効能は、アクティオという定型句、つまり、判決という裁判の結果をただちに具現化する定型句（*uti lingua nuncupassit, ita ius esto*）の発声が帯びる行為遂行的効能と、逐一符合する。つまり法であると典礼であるとにかかわらず、アクティオの効能というきわだった行為遂行的制度が問題となるのであり、このはたらきを定義することが重要である。

ℵ　典礼の実効性と法が明確に接近していることへの否認で類似するものは、ローマの典礼における担保の概念をあつかったヴァルタ・デューリヒの論文にも見て取れる。ピニュス（*pignus*）という用語は、ローマ法において、債務者が債権者に支払いの担保として所有権を完全に譲渡する対象を指し示す。典礼をめぐるテクストに置き換えられる際、このピニュスは、十字架、聖人の聖遺物、そしてとりわけ「贖いの担保」と定義される聖体にかかわる言葉になる。担保が、債権者の手のなかで、未来の支払い義務に対応する具体的な前払いを構成するのと同じように、十字架や聖体は、終末論的実在を前払いする。問題は、ピニュスにかんする聖体のテクストについて、いみじくもデューリヒが否定しようとしたところの、法的な関係を前提としているか否か、ではない。[23] ここで問題なのは、法的領域と典礼的領域のあいだに認められる、あきらかな構造的類似そのものである。

5　もし、教会の真の実在が典礼の秘儀であるなら、そしてもし、典礼の秘儀が神による贖いのはたらきという、効力を持つ現前をとおして定義されるのだとすれば、典礼の性質を理解することは、その現前の性質とありかたを理解することにもなるだろう。カーゼルのあらゆる著作に見られる透かし模様のような、このきわめて重要である問題にかんして、彼はひとつの論考を物した。その一篇はまさに「秘儀的現前《ミステリーエンゲーゲンヴァルト》」（*Mysteriengegenwart*）と題されている。

カーゼルによれば、「秘儀的現前」という用語はトートロジーにほかならない。なぜなら「現前とはそもそも秘儀の本質に属する」からである。[24] カーゼルは「キリスト教の典礼にもっとも固有な核」とは、ヘイルシュタット（*Heilstat*）、すなわちキリストによる救いのはたらきの現前化でありそれゆえ、とりもなおさず、キリストその人の現前化であると定義する。ここでいう現前化とは字義どおりのレプラエゼンタティオ（*repraesentatio*）、つまり「あらたに現前せしめること」である。この点にかんしてカーゼルは、アンブロジウスの『秘儀について』から、かかる現前を肯定する一節を引用する。

そこ［秘跡］に神性が現前することを信じなければならない。もし作用を信じるのであれば、どうして現前を信じないでいられようか。それに先立つ現前なくして、どこから作用はやってくるというのか［*Unde sequeretur operatio, nisi praecederet praesentia*］？*[25]

秘儀において問題となる現前とは、しかしながら、ゴルゴタの丘におけるイエスの歴史的現前ではない。そうではなく、もっぱらキリストによる贖いのはたらきにかかわる、それゆえに贖い主としてのキリストにかかわる、ある種きわだった現前である。実際、キリストは教会に現れる際に、以下の二重の姿を取る。

まず、歴史的人物イエスである。その神性はいまだヴェールに覆われている。［…］次に、主キリスト（*kyrios Christos*）である。彼はみずからの受難をとおして、父なる神のかたわらで永遠の変容をとげた。[26]

典礼の秘儀において、現前するのは「ただ、贖い主としてキリストがなしとげたはたらきのみであって、たんなる歴史上の状況ではない。オイコノミア（*oikonomia*）において、その状況に価値はない」。[27] これが意味するのは、聖体の供犠における以下のことである。

キリストは、歴史的-現実的な意味では、あらためて死ぬことはない。むしろ彼の救いのはたらきは、秘跡を執りおこなうことによって、秘儀のなかで、秘跡のなかで現前するのである。このようにして、キリストのはたらきは救済を求める者の手にとどく。[28]

カーゼルにとってこの現前は、たんに効力を保持する（*wirksam*）ものにとどまるどころか、効力を発揮する（*wirklich*）ものにほかならない。[29]「キリストはただ一度みずからをささげ、そしてなお、彼は日々秘跡のなかでささげられる」（*Semel immolatus est in semetipso Christus, et tamen quotidie immolatur in sacramento*）というアウグスティヌスの一節を引くカーゼルは、祭壇で執りおこなわれる供犠《インモラティオ》（*immolatio*）が現実ではなく秘跡であるとすれば、と断わりを入れて以下のように述べる。

しかしながら、そしてそれゆえにこそ、この供犠はたんなる表象［*Darstellung*］ではなく、この意味においてひとつの秘跡でさえない。それはしるしのもとの実効性［*Wirklichkeit unter dem Zeichen*］である。これをつづめて言えば、秘跡《サクラメントゥム》（*sacramentum*）、秘儀《ミステリウム》（*mysterium*）である。[*30]

それゆえ、カーゼルによると、聖体においてキリストの供犠が実効的に現前することを否定するプロテスタントは、カトリックの典礼にもっとも固有の力を途絶えさせていることになる。ここでいう力とは、秘儀を対象化しつつ、それをキリストによる救いのはたらきの実効性［*wirklichkeitserfülltes*］で満たす力である。[*31]

6

秘儀的現前《ミステリーエンゲーゲンヴァルト》と表わされる特異な現前のありかたを説明するために、カーゼルが論考で言及するのは、エルサレムのキュリロスからヨハネス・クリュソストモスにいたる、この現前を霊的な意味に解釈する東方教父の伝統である。「キリストの霊、より正確にいうなら、霊的な主」は、秘儀のなかに現前し、秘儀をかいすることによって、教会でたえまなくはたらきつづける。[*32] 霊についての類似する用語は、三位性の神学においてもその地位と意味を保持している。しかしそれらの用語は、秘儀的現前について、すなわちわたしたちが「秘儀の存在論」と定義するようなものごとについては、いっさい告げるところがない。ラテン教父やスコラ学者は、この問題に専門的表現をあてるにあたって、きわだった語彙をもちいた。その語彙は、秘跡におけるキリストの現前と有為性のありかたを指し示す用語、エフェクトゥス（*effectus*）である。それゆえわたしたちは、キリスト教の典礼におけるその語義の歴史とともに、エフェクトゥスという用語を評価しなければならない。

この用語は、秘儀的現前《ミステリーエンゲーゲンヴァルト》にかんする論考末尾の、重要な箇所に登場する。それは聖体の教理にかんするトマス・アクィナスの解釈に触れるくだりである。聖体の秘跡において生じる供犠《インモラティオ》にかんして、じつのところ、トマスはエフェクトゥスが表わすふたつの様態もしくは意味を区別していた。第一の意味にかかわるのは、キリストの受難を再現する像である（*imago quaedam ... repraesentativa passionis Christi, quae est vera eius immolatio*）。それに対して、第二の意味においてこの用語が指し示すのは、キリストの受難のエフェクトゥス、つまり「この秘跡をかいしてわたしたちが主の受難の果実を分かち合うようはたらきかけられる［*efficimur*］できごとのエフェクトゥスである」。[*33] さらにカーゼルは『神学大全』から別の一節を引用する。そこにおいて、エフェクトゥスという用語が秘跡のもとに指し示すのは実効的実在である。それは、表象とのかかわりにおいて省察されるものであり（*id ex quo habet effectum, scilicet et ipse Christus contentus et passio eius repraesentata*）、さらに、秘跡の使用や目的に関連して省察されるものである（*id per quod habet* *effectum, scilicet usus sacramenti*)。[*34] カーゼルによれば、エフェクトゥスという用語は、典礼的秘儀における、この像と現前の実効的合一にほかならない。この合一において、有為性において、つまりはヘイルシュタットとして、救いのはたらきとして、現前は現実となる。

秘儀的現前は現実の現前を意味する。しかしそれは、ある種特別な実在の現前である。この実在は、救済のため救世主キリストの生涯を信者に分かち合うことをお許しになるという、秘跡の目的に、どれだけかないうるかという基準のもとにある。[*35]

三年後の『典礼学年鑑』には、「ローマの祈祷」にかんする簡潔だが緻密な論考が収録される。そこでカーゼルはエフェクトゥスの概念に立ち返り、それが効果《ヴィルクン》（*Wirkung*）ではなく実効性《ヴィルクリッヒカイト》（*Wirklichkeit*）を意味する点をあらためて確認する。この観点にもとづいて、カーゼルは一連のテクストを分析する。そのなかには教皇レオ一世の秀逸な説教が含まれる。その一節は、カーゼルの議論において欠くことのできない資料である。

以下のことが必要とされた。表わされた秘儀で約束されたこと［*figurato promissa mysterio*］が、明瞭な有効性のもとに履行されるということ［*manifesto implerentur effectu*］。真の子羊が、象徴の子羊を取り除くということ〔*ovem significativam ovis vera removeret*〕。さまざまな犠牲が、ただひとつの供犠をかいして成就にみちびかれるということ。〔…〕影が身体に屈するようにするため、真実の現前のもとで似姿が生じないようにするため、いにしえの戒律はあらたな秘跡によって廃止され、犠牲は犠牲となり、所定の祭祀の日はただちに変容をとげてみちるのである。*[36]

以上のくだりにおいて、エフェクトゥスが、たんなる効果《ヴィルクン》を、すなわち、秘跡にかかわる祭式から生み出される恩恵の効果のみを指し示すのではなく、まずなにをおいても実効性《ヴィルクリッヒカイト》を、すなわち、実効的充溢における実在こそを指し示すことは、おおよそ否定しがたい。カーゼルは以下のように締めくくる。

ここでエフェクトゥスは効果〔*Wirkung*〕を意味しない。不完全な外部の見かけとはうらはらに、それが意味するのは十全たる実効性〔*die volle Wirklichkeit*〕である。*[37] エフェクトゥスは、外部のはたらきの不可視な等価物である。

そこにおいて象徴的に表わされたものは、すべて実在となる。ただその不可視で霊的であるような実在が、恩恵の効果を生み出すものになりうるのである。*38

しかし、ここで立ち止まって考えなければならない。この秘儀的「実在」が帯びる独特な特徴は、肉と骨をともなう（*sicut corpus in loco*）歴史上のキリストの現前とも、演劇で見られるようなキリストの素朴で象徴的な表象とも、一致しないのである。典礼的秘儀は、キリストの受難を再現するだけにとどまらない。それは受難を再現しつつ、受難の効果を具現化する。それゆえこう言ってよければ、実効性のもと、キリストの現前は典礼的秘儀と全面的に一致するのである。ただこの秘儀は、これからわたしたちが確認するように、ひとつの存在論的変換をはらむ。そこにおいて、実体と効能は一体となるように思われる。

ℵ　キリスト教の供犠の有効性をこのように定義することで、カーゼルは秘跡の差異にかんするスコラ学由来の教理をふたたび取り上げる。その差異とは、もっぱら儀礼的かつ予言的な特徴を帯びるものの救済的効果を生み出してこなかった旧約《ウェトゥス・レクス》（*vetus lex*）の秘跡と、「聖《サクラ》なる」（*sacra*）ユダヤ人たちが告げるのみにとどまったことを成就にみちびくことで、それらが表わすことを行為遂行的に実現する（*efficiunt quod figurant*）キリストが定めた秘跡との差異である。カーゼルはこれに関連して「実効性に満ちる像」（*wirklichkeitgefülltes Bild*）について語っている。ここにおいて、カーゼルの典礼をめぐる仕事は、ちょうど同時期にルートヴィヒ・クラーゲスやアビ・ヴァールブルクがさまざまな領域で進めていた、生の現実や効能に満ちた情念定型《パトスフォルメル》（*Pathosformel*）といったイメージ研究になぞらえることができる。

7

カトリックの典礼における用語エフェクトゥスについて、ヴァルター・ディーツィンガーはひとつの専門書を著した。あたかも史的意味論の考察をよそおいつつも、ディーツィンガーは緒言において「オード・カーゼルによる秘儀の教理に対する論争《アウザイナンダーゼッツンク》（*Auseinandersetzung*）」を宣言する。実際、内容は先に参照したカーゼルの論考そのものにかかわっている。[*39] ディーツィンガーは、カーゼルが引用したテクストをたどりなおし、それらのテクストの周辺にある膨大な典礼資料を読解し、以下の結論を提示しようとする。つまり、たしかにそのうちのいくつかは、たとえばすでに確認した教皇レオ一世の一節のように、実効性《ヴィルクリッヒカイト》という意味でまちがいないように思われるものの、問題視されるほかのいくつかは、むしろ効果《ヴィルクン》のようななにかのように思われるのである。

いずれにせよディーツィンガーの著書があきらかにするのは、エフェクトゥスという用語が、その正確なシニフィエがいかなるものであれ、典礼にかんするテクスト群においてはっきりと中心的役割を果たすということである。このことは了解されるだろう。じつのところ、エフェクトゥスという用語の多義性にかんする論争は、もうひとつの決定的な問題から目を逸らさせている。すなわち、「効果」と「実効性」のあいだの意味論的揺らぎには、用語の意味論的歴史にとどまらない、とりわけ存在論的歴史にもかかわるような、そして、この用語が名指そうとするエフェクトゥスという存在の様相にかかわるようなひとつの変換が、はからずもあらわになっているのではないかという問題である。実際、語幹と語源を共有しているふたつの用語、効果《ヴィルクン》と実効性《ヴィルクリッヒカイト》の対比は、まぎれもなく存在論的なものであって、たんなる意味論的なものではない。それどころか、真に重要な点はひとつの対比にあるのではなくひとつの不確定にこそある。その不確定性とは存在論の概念性そのものの変化に対応する。古典的存在論の語彙のもと、存在と実体はそれぞれが生み出しうる効果から独立したものとみなされてきたのに対して、実効性のもと、存在はみずからの効果と不確定になる。実効性は、存在を、実効的なものとして、なにかしらの効果を生むものとして、そして、その生み出された効果から定義されるものとして名指す。したがって、実効性とは、存在論のあらたな次元である。この次元は、まず典礼という領域においてみずからを認めさせ、さらにのちの近代において、実効的存在と一致するにいたるまで、徐々にみずからを敷衍していく。

それゆえ、典礼にかんするテクストにおけるエフェクトゥスの意味を理解することは、わたしたちが身近にかかわっている存在という観念の変換と対峙することでもある。それというのも、今日のわたしたちは、実効性以外の存在の表象を持ち合わせていないからであり、またこのあらたな次元は、効果を発揮すること《ヴィルクリッヒカイト》、実際に存在すること《レアリタス》（*realitas*）、「実在」といった用語とともに、存在者の「本質は実存にある［*liegt*］」という『存在と時間』第九節の現存在《ダーザイン》（*Dasein*）の定義をも、疑問に付すからである。

8　この観点に立つとすれば、『古代ラテン語大辞典』におけるエフェクトゥスという用語の登場回数の集計は、ことのほか有意義である。語源的な派生元である動詞エフィキオ（*efficio*）を別とすれば、エフェクトゥスという語がラテン語に登場するのは、紀元前四五年頃と比較的遅い。しかし、キケロやウァロのテクストにおいて最初に登場してからのち、効果と実効性のあいだの意味論上の揺らぎが示すのは、まさしく存在論的カテゴリーにかかわる変化の指標であり、このカテゴリーが実在をはらむのである。効果《ヴィルクン》と実効性《ヴィルクリッヒカイト》の区別を維持することに執着したディーツィンガーとは異なり、『大辞典』収録語の編纂者は、実際のところ、行為の効果（*actus fructus*）という意味から実効性（*actus efficiendi*）という意味を明確に区別することは不可能であると認めている（*et est saepe in arbitrio interpretantis singulos locos, utram significationem potius accipiat*）。『大辞典』に収録されたエフェクトゥスのうち、最初のふたつの意味は一見したかぎりでは凡庸である。その第一はキケロの寸鉄、エフェクトゥス・エロクエンティアエ・アウディエンティウム・アップロバティオ（*effectus eloquentiae audientium approbatio*）である。[*40] これは「雄弁術の効果は聴衆の称賛である」という意味ではない。それはもはや自明の理だろう。そうではなく、文脈にかんがみるなら、これは疑いようもなく「雄弁術の実在、そしてその実効性は、聴衆の称賛のなかにある」という意味であり、言い換えれば「その実在はそれが引き起こす効果のなかにある」ということである。したがって、キケロが気にかけるのは存在のなにかしらのあり方なのであり、そのあり方のもとで、実在と効果は見分けがつかない。

第二のケースはウァロである。[*41] ウァロはそこで語彙を比較しつつ、以下のように述べる。つまり、語形が似通っていること（*quid habeat in figura simile*）にのみ注意をはらうのではなく、イン・エオ・クエム・ハベアット・エフェクトゥム（*in eo quem habeat effectum*）にも気をつけるべきだという。これが意味するところは、そのあとに続く事例がほのめかすとおり、「それらが持つ効果」というよりもむしろ「それらの使用の有効性」である。

エフェクトゥスがたんなる効果にとどまらず、なにかしらの存在の特殊な様相をも指し示すことは、キケロ以降しばしば目にするようになる連辞、作動する《エッセ・イン・エフェクトゥ》（*esse in effectu*）にもはっきり表われている。この観点に立つなら、キケロの一節は示唆的である。[*42] それによると、不正な（*peccata*）はたらきは以下のふたつに区別される。まず、その存在がエフェクトゥスによって（*in effectu*）あるものがある。たとえばこれは両親を手荒に扱うことや神殿をけがすことなどが相当する。それに対して、その存在がエフェクトゥスによらず（*sine effectu*）あるものがある。これはかなしみにとらわれること（*in libidine esse*）やみだらな欲望にとらわれることなどに相当する。この区別を「効果を持つものか否か」と翻訳するとすれば、それははなはだ不十分だろう。ここで問題となるのは、行為の存在論的約款である。つまり、はたらきとありかたのいずれに重きを置くか次第で、はたらきに属する実効性が満ちたり欠けたりすることが問題となるのである。

　エフェクトゥスという用語本来の存在論的意味がより明確になるのは、とりわけ、エネルゲイア（*energeia*）がデュナミス（*dynamis*）との関連で変化することをこの用語で表わす、アリストテレスの一連の章句においてである。この意味のエフェクトゥスは、『ティマイオス』にかんするカルキディウスの註釈における、質料の定義に登場する。カルキディウスがシルヴァ（*silva*）と呼ぶところの質料は、そもそも、特性や形相の確定を欠いた（*sine qualitate ac sine figura et sine specie*）ものであり、それにもかかわらず、特性や形相の確定をともなわずには生じえない。ちょうどわたしたちが、頭のなかで、質料から特性を、それが存在しないままに取り去ることができるのと同じように、わたしたちは、質料に特性の保持を割り当てることを、エフェクトゥスではなく可能性として《ノン・エフェクトゥ・セッド・ポッシビリターテ》（*non effectu sed possibilitate*）なしうるのである。[*43] ここでエフェクトゥスは可能性と対置されているが、正確に言うとそれは、アリストテレスにおけるエネルゲイアがデュナミスに対置されるようにではない。じつのところ、ここでカルキディウスは以下のことを明確にしようとしている。つまり、可能性や効力〔潜勢力〕とは、「種子が草木の効力をそのうちに宿している」と表現する際の意味ではなく、外部の動作主（*extrinsecus*）の作用をかいすることで彫像となりうるかぎりにおいて「その青銅は効力を持っている」と表現する際の意味で、理解されるべきだということである。それゆえ、エフェクトゥスはたんにエネルゲイアのみにとどまらず、〈稼働《エッセレインオペラ》〉、すなわち外部から効力を実現する作用をも名指す。この意味において、それは実効的になるのである。

ここにいたって、なぜクインティリアヌスが、キリスト教の著述家たちにささやかどころではない影響をおよぼしたテクストにおいて、技芸を以下のように区別することができたのかが理解できる。まず、アクトゥスによる（*in actu*）もしくは動作の（*in agendo*）技芸がある。これはダンスのように、それ自体のうちに目的を持ち、行為が終わった際にはなにひとつ仕事が残らないような（*nihilque post actum operis relinquit*）技芸である。これに対して、エフェクトゥスによる（*in effectu*）技芸がある。これは絵画のように、仕事においてその目的に到達するような（*operis* […] *consummatione finem accipit*）技芸である。[*44] このクインティリアヌスの区別は、アリストテレスによるプラクシス（*praxis*）とポイエーシス（*poiesis*）の区別、つまり、それ自体のうちに目的《テロス》（*telos*）を持つ前者と外部の目的を持つ後者の区別以上に、問題をはらんでいる。[*45] ここで問題となるのは、一方別の存在論的約款であり、二種類の技芸にかかわる現前のそれぞれ異なるありかたである。

でダンスのエネルゲイアはアクトゥスの審級（*in actu posita*）に属しており、他方で絵画のエネルゲイアはエフェクトゥスの審級に属している。このエフェクトゥスのなかで作用は実効的になり、また、わざ《オプス》（*opus*）のなかで実在と根拠は生じる。そうだとしても、エフェクトゥスはそれ自体として考察することはできず、とりもなおさず、作用《オペラティオ》（*operatio*）のエフェクトゥスとして考察されるのである。

この点については、アンブロジウスの『天地創造の六日間』が参考になる。神による天地創造について、おそらくバシリウスをふまえつつ述べるアンブロジウスは、あらためてクインティリアヌスの一節を取り上げる。[*46] その一節は、もはや完全に典礼的といえる語彙をかいして展開され、ふたつの技芸にかんする以下の区別が引き出される。ひとつはアルテス・アクトゥオザエ（*artes actuosae*）、つまり「身体の動きか声の響きのみに由来」しており、作用ののちにはなにも残らないたぐいの技芸である。もうひとつは、たとえば建築や織物などに相当する技芸である。それは、かりに職人の任務が終わっても、その仕事の権能が表わされるような技芸であり、それゆえ、職人の仕事にかんする証言が示されるたぐいのものである（*cessante quoque operationis officio, operis munus adpareat...ut operatori operis sui testimonium suffragetur*）。一見したところ、アンブロジウスはここで仕事の優位を確保しようとするかのようである。しかし、連辞オペラティオニス・オッフィキウム（*operationis officium*）は、仕事そのものではなく仕事の権能を意味する連辞オペリス・ムヌス（*operis munus*）に接続される。結果、「任務」として懐胎するはたらきと作用素への繰り延べが、以下のことを露わにする。つまり、この作用素は、アリストテレスの存在論的次元とは縁もゆかりもない次元において、作用するのである。ここで問題となるのは、存在のありかたでも、形相や実体の持続、すなわち、アリストテレス風にいうなら「そうであったところの」存在の持続でもない。問題は存在が、実践の圏域へ、つまり、在ることが為すことであり有為性そのものであるような圏域へと、転属になったことである。

ここで示唆に富んでいるのは、神による同一の創造が、オフィキウム（*officium*）とムヌス（*munus*）というふたつの異なる語彙で表わされていることである。仕事、つまりアリストテレスにおいて在ることのパラダイムをになった概念は、ここにおいて、いみじくも執りおこなうことの確証と効果でしかなくなる（*est enim hic mundus divinae specimen operationis, quia dum opus videtur, praefertur operator*）。典礼的行為、すなわち、神のわざ《オプス・ディ》のもと、存在と実践、実効性と効果、作用と仕事、為されたわざ《オプス・オペラトゥム》と為すところのわざ《オプス・オペランス》は分かちがたく絡み合う。そのような存在論的約款のきざしは、ここにおぼろげながらもかいま見えるのである。

ℵ 実際のところ、ここで問題になるはたらきのパラダイムは、そう思われているよりもずっと、ダンスや演劇といった実践の技芸《アルテス・アクトゥオザエ》のパラダイムに接近している。実効性のもっとも精確な定義を含む『善と悪の究極について』の一節において、キケロは知のオフィキウムを役者の身ぶりや舞手の動きと比較して、以下のように述べる。「目的、すなわち、技芸の実効は、外部にではなく、それ自体に求められるべきである」［*in ipsa insit, non foris petatur extremum, id est artis effectio*］。[*47] ここで目的は、ポイエーシスにおけるように、外部のわざではない。ましてや、プラクシスにおけるように、一瞥してそう感じられたとしても、はたらきそのものと一致するわけでもない。じつのところ、ただ技芸の実効（*effectio*）が目的であるかぎりにおいて、目的は行為と一致するのである。ここで決定的なのは、演劇や舞踏といったある種の技芸にかかわる作用があらたな存在論的‐実践的パラダイムを提示するという点であり、また、いわゆる倫理的パラダイムとは異なる独特な技術的パラダイムが問題となる点である。ここでは、アリストテレスが実際に仕事（*ergon*）を職人や芸術家のポイエーシスの目的《テロス》と考えていたのに対して、定義するうえで仕事を必要としない演劇や舞踏といったパフォーマンス・アートのパラダイムを経由することで、目的《テロス》となるのはもはや仕事ではなく、技芸の効果《アルティス・エフェクティオ》（*artis effectio*）である。

9

上述の意味論的布置にもとづいて、キリスト教著述家たちはすこしずつひとつの存在論的パラダイムを練り上げていく。このパラダイムにおける在ることの決定的な特徴は、もはやエネルゲイアやエンテレケイア（*entelecheia*）ではなく、実効性と効果であった。この観点に立つなら、三世紀なかばごろの教父たちの手によって、エフィカーキア（*efficacia*）とエフィキエンティア（*efficientia*）という語が登場したことは意義深い。エフェクトゥスと緊密に結び付けられるこのふたつの用語は、ギリシア語のエネルゲイアを翻訳しつつも裏切るような専門的意味で使われた。たとえばルフィヌスは以下のようにも述べる。

一方でそこにあるのは、なにかの内で可能性たりうるものだ。他方でそこにあるのは、エフィカーキアかエフィキエンティアであるものだ。これらはギリシア人がデュナミスやエネルゲイアと呼んだものである（*aliud est possibilitatem esse in aliquo, aliud efficaciam vel efficientiam, quos Graeci dynamin et energeian vocant*）。[*48]

ルフィヌスがこのふたつの用語で端的に表わそうとしたのが実効性であることは、それに続く節で疑問の余地なく証明される。そこでは、エフィカーキアとエフィキエンティアが事物そのものの効果《ホック・エスト・レ・イプサ・アトクエ・エフェクトゥ》（*hoc est re ipsa atque effectu*）と註釈される。また、例示されるのは鍛冶屋の作用、もしくは、効果をもってはたらく《エフェクトゥ・オペリス・アジット》（*effectu operis agit*）者の作用である。文字どおり「仕事の実効性によって、仕事の有為性によって、はたらく」ということである。事物と作用は、その実効性のもとに、それらの権能のもとに、分かちがたいものとみなされる。ここに開かれるのは、アリストテレスのエネルゲイアに取って代わる、あらたな存在論的次元である。とりわけ以下のことに注目するのは興味深い。つまり、ポテンティア－アクトゥアリタス（*potentia-actualitas*）という教会的訳語が着想される以前、ラテン教父たちはデュナミス－エネルゲイアという一対の用語に、ポッシビリタス－エフィカーキアもしくはエフェクトゥス（*possibilitas-efficacia, effectus*）という表現をあてていたのである。

　形容詞エフィカークス（*efficax*）という難解な語句は、ここで問題となっている意味論的圏域を、はっきりと表わす。[*49]なにかが「効力がある」のだとすれば、それは効果を生むなにかというよりも、「効果を得る」なにか、実効性を引き起こすなにかであり、つまりは、エフェクトゥスのように存在するということである。ウルガータ版聖書「ヘブライ人への手紙」四章一二節において、ヒエロニムスが原典のエネルゲイス（*energes*）を置き換える際に選んだエフィカークスはこの意味である。「けだし神のみ言葉は生きて効能あり、あらゆる諸刃の剣よりも鋭くある」（*vivus est enim sermo Dei et efficax et penetrabilior omni gladio*）。また、すでにカルキディウスがエフェクトゥスについてほのめかしていたように、以下の節における実効性が、神もしくは人間の、たんなる内在的で自然なプロセスとは異なる複雑な作用をはらんでいることは、エフィキエンティア（*efficientia*）と本性《ナトゥーラ》（*natura*）の対比からもあきらかである。「彼のうちにあるのは［…］賢明な本性というよりもむしろひとつの有効性である」（sit... in eo efficientia potius quam natura sapientiae)。[*50]

アウグスティヌスの著作では、エフェクトゥスの存在論的圏域への帰属が、明確な自覚とともに承認されていることが見て取れる。[*51] ポッセ・イン・ナトゥラ、ヴェッレ・イン・アルビトリオ、エッセ・イン・エフェクトゥ（*posse in natura, velle in arbitrio, esse in effectu*）。わたしたちはこの三つの定言に立ち止まらなければならない。この三つはあたかも定理のような形式を取るように見える。しかし、それらを元の文脈に返すことによって、その意味は理解しうるようになり、さらに、キリスト教の領域においてまさに達成されつつある存在論の変換も子細に跡づけることができる。じつはこの一文はアウグスティヌスのものではなく、彼が反駁を目的に引用したペラギウスの一節に含まれる。ペラギウスは持ち前の情熱で、罪を犯していない人間を弁護するために語る。

わたしたちは以下の三つを、たしかな審級にもとづいて区分、分節している。第一に為しうることである。第二に欲することである。第三に在ることである。わたしたちは、為しうることを性質に、欲することを自由意志に、在ることを実効に［*esse in effectu*］位置づける。

ペラギウスにおいてあきらかなことは、この三つの要素が、アリストテレス的な存在論上のグラデーションを、あらためて分節する点である。つまりこれは、効力〔潜勢力〕（*posse*）の存在のありようが、意志（*velle*）をかいして、行為〔現勢力〕へといたる推移に合致する。[*52] 示唆的なことは、ここで存在（*esse*）が、実効性のもとに収まる点である。しかし、アウグスティヌスが論敵の主張を以下のとおり要約する際に、存在の概念性はその座を実践の概念性へと譲る。この実践の概念性において、在ることはもはや「はたらくこと」と同義である。

〔ペラギウスは〕三つの権能を分類、措定した。〔…〕効力、意志、作動である（Nam cum 〔Pelagius〕 tria distinguat...possibilitatem, voluntatem, actionem）。[*53]

ここではっきりと判断されるのは、存在論的パラダイムの変化がもはや既成事実となっている点である。つまり、存在はいっさいの残余なく実効性と一致するが、それは、存在がただあるがままのものではなく、実効化され、実現されなければならないという意味においてである。重要なことは、もはや現前のなかに安穏とやすらうものとしての仕事ではなく、ひとつの閾として想定される有為性である。この閾において、在ることとはたらくこと、効力と行為、作用と仕事、効能と効果、効果《ヴィルクン》と実効性《ヴィルクリッヒカイト》はそれぞれ、たがいに緊張状態に入り、決定不能にいたる。この緊張と決定不能性こそ、教会がみずからにもっとも固有であり、かつもっとも高邁な課題とみなした、あの典礼の秘儀《ミステーロ》を定義づけるものにほかならない。

ℵ　ここでエネルゲオー（*energeō*）とエネルゲイアという用語が獲得しつつあるあらたな意味、そして、その後のキリスト教の著作においてあからさまともいえる明瞭さとともに獲得するにいたるあらたな意味の註釈として、パウロの用例にまさるものはない。アリストテレスにおいて、エネルゲイアとデュナミスは、存在することと現前することの相関しつつも異質なありかたをそれぞれ指し示す。「エネルゲイアとはなにかが存在すること（*esti dē energeia to yparchein to pragma*）だが、それはわたしたちがなにかを潜在的に在ると言うような意味においてではない」[*54]。それに対してパウロとそのラテン語への翻訳者たちにおいて、エネルゲイアが指し示すのは、存在のありかたではなくむしろ効力の実効であり、かつ、効力が実体を受け取って特定の効果を生み出す際に経由する作用なのである。この観点にもとづいて、神は二度にわたって定義される。まず、いっさいの事物を有効にし、現実のものとする原理（*ho tehos ho energōn ta panta en pasin*）としての神である[*55]。もうひとつは、キリストの内なる「ちからの効力」を有効にする（*kata tēn energeian tou kratous tēs ischyos, hēn enērgēsen en tōi Christōi*）原理としての神である[*56]。この意味において、繰り返しもちいられる「効力の有為性にもとづいて」（*kata tēn energeian tēs dynameōs*）という連辞は示唆的にちがいない[*57]。これらすべてのケースにかんして、ヒエロニムスがオペラーレ（*operare*）とオペラティオ（*operatio*）をあてて翻訳することは、驚くにあたらない。たとえば「すべてのひとにすべてのことをおこないたまう神」（*qui operatur omnia in omnibus*）や、「その効力のはたらきによって」（*secundum operationem potentiae*）などが挙げられる。

10

実効性の存在論が自身の完成された表現を見いだす場は、トゥールのベレンガリウスやサン・ヴィクトルのフーゴーからトマス・アクィナスにいたるスコラ学者が練り上げた、しるしとしての秘跡の理論である。この理論によると、秘跡を定義づけるものは、その存在とそのしるし、さらには秘跡がしるしであることの原因である。この秘跡のきわだった行為遂行性を特徴づけるために、理論家たちが実効性にかんする語彙を恃みとすることは、驚くにあたらない。一三世紀に著された作者不詳の『命題集』によれば、「秘跡は聖なる事物のたんなるしるしではなく、効能でもある」。あるいは、トマスが正典のごとく引き合いに出す定式によるなら、秘跡はそれが意味するところを実現する（*efficiunt quod figurant*）のである。

秘跡にかんする実効性のパラダイムは、聖体祭儀の中核をなすキリストの言葉の行為遂行性にほかならない。この意味において、アンブロジウスのふたつの章句は根幹にかかわっている。アンブロジウスにおいて、キリストの言葉は実効的もしくは有為的な特徴にもとづいて定義され、さらに、秘跡の行為遂行性が言葉の実効性によって定義される。*58 アンブロジウスの最初のくだりでは、『ヘブライ人への手紙』四章一二節が引用されつつ、『手紙』の作者が神の言葉を定義する際にもちいたエネルゲイスという用語が、オペラトリウス（*operatorius*）という形容詞に置き換えられる。

しかし、わたしたちが話す言葉は、それ自体、なんら直接的な効能を持ってはいない。ただ、神のみ言葉のみがそうなのである。それは、たんに発せられた言葉でもなく、そう呼ばれることもあるような、内なる言葉でもない。神のみ言葉は、実効をともなってはたらき、生きていて、慰める力を持っているのである。あなたはみ言葉の性質が何であるかを知っているだろうか？　聖書の章句に耳を傾けなさい。「というのも、神の言葉は生きており、力を発揮するからです」[*59]。（*Sed non sermo noster operatur, solum est verbum Dei, quod nec prolativum est, nec quod endiatheton dicunt: sed quod operatur et vivit et sanat. Vis scire quale verbum? Audi dicentem: «vivum est enim verbum Dei et validum atque operatorium et acutum»*）

アンブロジウスの第二のくだりでは、聖体奉献の形式にそなわる効能を説明するにあたって、キリストの言葉が帯びる「作用素的」特徴に注意がうながされる。

キリストのみ言葉とはなにか？　それによって、疑うべくもなく、万物は作られた。主が命じて、地は作られた。主が命じて、海は作られた。主が命じて、あらゆる被造物は生み出された。それゆえ、あなたは見る。いかにキリストのみ言葉が実効をともなうかを。主イエスのみ言葉にはそのような力がある。もし、ものごとがいまだそのようになっていないのだとして、いったいあとどれほど、み言葉に実効がともなえば、すでに存在しているものごとが、その存在を止めることなく、なにかしら別のものに変わるのだろう？[*60]（*Quis est sermo Christi? Nempe is, quo facta sunt omnia. Iussit dominus, factum est caelum; iussit dominus, facta est terra; iussit dominus, facta sunt maria; iussit dominus, omnis creatura generata est. Vides ergo quam operatorius sermo sit Christi. Si ergo tanta vis est in sermone domini Iesu, ut inciperent esse quae non erant, tanto magis operatorius est, ut sint, quae erant et in aliud commutentur*）

典礼のはたらきの実効性は、キリストの言葉の行為遂行性と一致する。ここにおいてきわだつのは、現代言語学が遂行動詞の構造的特徴として定義するものがはっきりと理解されうるとすれば、それは実効的存在論の次元においてほかにないということである。この存在論は秘跡の典礼において問題となり、そしておそらくは、ここに端を発する。言葉がその意味するところを実現するようにはたらくということは、言葉が引き起こす存在が純粋に実効的であるということを内包する。

11 この意味において、あらたな領域である実効的存在論の決定的な特徴は、有為性である。このことは、アンブロジウスによる造語の形容詞オペラトリウスや、さらにさかのぼるところの、キリスト教著述家によるオペラティィオという語の幅広い普及が証言している。たとえば、古典ラテン語におけるオペラティィオの用例はきわめてすくなく、『古代ラテン語大辞典』には合計七度しか登場しない。古典ラテン語が持ちえたのは、薬の効能を指し示す形容詞オペラティィウス（*operativus*）である。一方アンブロジウスにおいて、新語オペラトリウスがいまや存在論的意味を獲得することは、いましがたキリストについて参照したふたつのくだりのみならず、『天地創造の六日間』の序論からもあきらかである。この序論は、哲学史における最新のテーゼを提示する。

アリストテレスに倣って、ほかの者もふたつの原理を設定した。質料と形相である。これらに付け加える三番目の原理として、有為と呼ばれるものがある。すなわち、有効な作用にかんする原理である（*dua principia ponerent, materiem et speciem et tertium cum his, quod operatorium dicitur, cui suppeteret...efficere*）。[*61]

アンブロジウスが言及するのがアリストテレスのいずれの概念かはさだかでないものの、ここでオペラトリウムが指し示すのは、質料と形相のあいだの、つまり、効力〔潜勢力〕と行為〔現勢力〕のあいだの第三の原理であることはたしかである。この意味において、アンブロジウスは後世のアウグスティヌスやイシドールスと同様に、神の効力をめぐって有為的な《オペラトリア》力《ウィルトゥス》（*operatoria virtus*）もしくは有為的な《オペラトリア》効力《ポテンティア》（*operatoria potentia*）という表現を繰り返しもちいている。研究者たちが問われているのは、アンブロジウスがギリシア語のどの言葉を彼の造語に置き換えようとしたのかである。アルバート・ブライズはエネルゲーティコン（*energētikon*）という語を提示し、ジャン・ペパンはポイエーティコン（*poiētikon*）とみなしている。この後者の意味によるなら、フィロンがもちいた連辞ポイエーティケー・デュナミス（*poiētikē dynamis*）と交差する。[*62] いずれにしても、アリストテレスへの言及に加えて効力への接近もまた、アンブロジウスが存在論の次元を気にかけていることを示している。この次元は、たんなる潜在的なものでも、素朴に実在的なものでもない。それはなににもまして有為的な《オペラトリア》力《ウィルトゥス》、すなわち、その作用をとおして実在へといたる効力の次元である。

教父たちの用語法においてオペラティオという語彙が普及したことは、この観点のもとに考察しなければならない。とくに示唆的なのは、三位性の神学における用例であり、そこでオペラティオは、神の存在における内なる作用としてのロゴス、すなわち神の子を指し示す。マリウス・ヴィクトリヌスは以下のように記している。

存在とは父なる神であり、作用とは神の子である。存在それ自体はみずからのなかに内奥の作用を保持している［*habet quidem ipsum quod est esse intus insitam operationem*］。実際のところ、運動を抜きにして、すなわち、作用を抜きにして、いかなる生、いかなる知がありうるだろうか？［…］作用が現れるとすれば、それは作用となり、同時にそれは作用と呼ばれる。また作用が現れるとすれば、それは自己生成とみなされ、同時に実際のところ自己生成である。したがって、作用は存在そのものを保持している［*sic igitur id ipsum quod est operari et ipsum esse habet*］。もしくはより正確にいうなら、作用は存在を保持するわけではない。じつのところ、作用そのものが、同時に、単純に、存在なのである［*ipsum enim operari esse est, simul et simplex*］。[*63]

この傑出した一節において、存在論のあらたなパラダイムは、みずからにかんするもっとも緻密な定式化とめぐり会う。存在は自身のなかに作用を含む。存在とは作用であり、同時に、存在は作用から区別される。あたかも、神の子が父から区別され、同時に、区別されえないように。存在がはたらくのではなく、ただ、作用それ自体が存在なのである《イプスム・エニム・オペラーリ・エッセ・エスト》（*ipsum enim operari esse est*）。有為性それ自体が存在であり、存在はそれ自体が有為的なのである。

ℵ　この観点で重要なことは、専門化の進むオペラティオという語が指し示すのは典礼のはたらきの有為性であり、もはやそれは、作用が物質化するようなたんなるわざ《オプス》とは異なる点である。たとえばアンブロジウスは洗礼について以下のようにも述べる。「一方にはわざがあり、他方には作用がある［*aliud opus, aliud operatio*］。わざは水に帰属し、作用は聖霊に帰属する」[*64]。古典的存在論が、仕事を生み出す作用よりも仕事そのものを強調したのに対して、仕事よりも作用が優位を占めることによって定義されるのがこのあらたな存在論のパラダイムである。この同時期に、おなじオペラティオという用語が、三位性の経済《エコノミーア》の有為性を意味するように専門化する。すでに引用した、アリウス派のカンディドゥスからマリウス・ウィクトリヌスにしたためられた書簡には、以下のように記されている。イエス・キリストが神から来たのは「生成によってではなく、作用によってである［*neque generatione a deo, sed operatione a deo*］」。そして「作用をかいすることで、キリストは父のなかにあり、父はキリストのなかにある［*secundum operationem et in patre est ipse et in ipso pater est*］」[*65]。カンディドゥスはこの意味において、神の子とは父の意志のわざ《オプス》でありエフェクトゥスであると定義する。

それに対して、反アリウス主義である正教会の一部がこだわる説は、神の子はまさに父の意志そのものと一致するのであり、それゆえ、父の意志によって「実現された（*effectum*）」ということはできないというものである。しかし、これらふたつの教理を分ける差異を措いても示唆的なことは、いずれの場合も、前提となる存在論がエネルギー的－有為的存在論である点にほかならない。この存在論のもと、神の存在は実体化し、神の子は現実のものとなる。

12

秘跡の効果が発揮することの教理における、トマス・アクィナスのもっとも根源的な貢献は、原因説にかかわっている。アリストテレス的伝統は原因を四つに区分してきた。つまり、目的的原因、作用的原因、形相的原因、質料的原因である。トマスは秘跡の特別な効能を説明するために、ここに五番目の原因を付け加える。じつのところ、作用的原因のひとつの細目として提示されるこの原因が「道具的原因」（*causa* / *agens instrumentale*）である。

道具的原因を定義するのは、その二重のはたらきである。つまり、事物がみずからの性質にのっとってはたらくのだとすれば、それはただ、第一動因によってそう動かされるかぎりにおいてである。このとき、第一動因は、それを道具として使うことになる。

こう言わざるをえない。道具は二重のはたらきを持っている。そのひとつは道具的はたらきである。これにもとづいて道具がはたらくとすれば、それは固有のちからによってではなく、第一動因によってである［*non in virtute propria, sed in virtute principalis agentis*］。もうひとつは、固有のはたらきである。このはたらきはみずからの形相をかいして道具に属する。たとえば、切り落とすというはたらきが斧に属するのだとすれば、それはその鋭利さの力にもとづく。しかし、寝台を作るというはたらきが斧に属するのだとすれば、それは技芸に供される道具となるかぎりにおいてである。*66

このふたつのはたらきは、たとえ別個のものであっても、完全に一致する。

［斧は］みずからに固有のはたらきを行使することなしに、道具的はたらきを達成することはない。というのも、それは切断することによって、寝台を作るのだから［*scindendo enim facit lectum*］。*67

これと同じように神は秘跡を使う。

義認の第一動因は神である。神はみずからとしては道具を必要としないかもしれない。しかし、義とされるべき人間に対しては、それを使うことも適正となるだろう。［…］神は秘跡を義認の道具として使うのである。*68

それゆえ、道具的原因は、まず秘跡にある。たとえば洗礼の水について以下のように述べられる。「その固有の力にもとづいて身体を洗い清める際は、神の力の道具であるかぎりにおいて霊魂を清めるのである」[*69]。それと同様に、道具的原因は、秘跡をつかさどる祭司にもある。「おなじことは秘跡と代務者にも適用される」（*eadem ratio est ministri et sacramenti*）。[*70]

トマスをして典礼的はたらきの秘儀に思慮をめぐらすことを可能にしたのは、つつましい日常的なカテゴリーへの依拠であったという事実は、思いもよらないかもしれない。しかし、この道具性のパラダイム、すなわち、みずからのはたらきは、つねにほかのなにかのはたらきでもあるような事物のパラダイムこそが、トマスに秘跡の実効的性質を定義させるにいたった。その定義とは「意味するところを実現するしるし」というものである。

第一の原因をその効果［*signum effectus*］であるということは、厳密にはできない。たとえそれが秘められた効果であったとしても、たとえその主要な原因がそれ自体、感知できるもので、明瞭なものであったとしても、そうとは言えない。これに対して道具的原因は、秘められた効果のしるし［*signum effectus occulti*］であると定義することもできる。それは、その道具的原因が明瞭であるかぎりにおいて、さらに、効果が第一動因によってなにかしらのかたちで動かされるかぎりにおいて、そう定義することができる。この意味において、新約の秘跡は原因であると同時にしるしでもある。ここから、一般的に言われる以下のことが引き出される。つまり、それらは「意味するところを実現する」［*efficiunt quod figurant*］。[*71]

よく考えてみる必要があるのは、この原因のパラドクシカルな性質についてである。つまり、同時にまた効果でもあるような原因の、そして、その効果が義認というその主要なはたらきをただ厳密に果たすのみであるような原因の性質である。道具的原因は、それゆえ、アリストテレスの作用的原因をたんに限定したものではない。それは、アリストテレスの四原因説がもとづく因果の区別そのものを転倒させる、あらたな要素である。全面的に有為的かつ実効的な存在論の地平において、原因はそれが効果であるかぎりにおいて原因であり、効果はそれが原因であるかぎりにおいて効果なのである。

13　秘跡の代務者として祭司が帯びる道具的特徴は、神学者たちが祭司の権能を「キリストの代わりを務めること」（*sacerdotes vicem gerunt Christi*）や「キリストの位格のもとにはたらくこと」（*sacerdos novae legis in persona ipsius operatur*）と定義するのがいかなる意味においてかを理解させてくれる。[*72]

ここで重要なことは、法的な代理表象なのではなく、いわば、ひとつの構造的代理性である。この構造的代理性は、祭司の存在論的性質とかかわる一方で、代務をいとなむ個人の偶有性から祭司を切り離す。

> 教会の代務者と道具は、その定義をおなじくにする。［…］道具がはたらくのは、みずからに固有の形相にもとづいてではなく、道具を動かしている者のちからにもとづいてである。したがって道具にとって、それを道具たらしめるために必要なもののほかは、いかなる形相、いかなる力も、たいした問題とはならない。たとえば、医術の技芸が保持する霊魂の道具であるところの医者の身体が健康であるか病弱であるか、もしくは、水をとおす管が銀であるか鉛であるかは、問題ではない。それゆえ、教会の代務者は、たとえ悪しき者であったとしても、秘跡を授けることができる。*73

ここで「代わりを務める《ファーレ・レ・ヴェーチ》」（*fare le veci*）という表現は、字義どおりに解釈されるべきである。つまり、どこかに祭司的実践の根源的な場があるわけではない。祭司的実践は、つねに構造上「その場《ヴェーチェ》」（*vece*）でしかない。つねになにかしらの「行動」や「作動」であったとしても、けっして実体ではない。誰かにおいて「代わりに《イン・ヴェーチェ》」（*in vece*）その権能が果たされる時、その誰かはみずから他者の場《レ・ヴェーチ・ディ・ウ・ナルトロ》（*le veci di un altro*）を占める。まさにこの構造上の代理性こそが、「権能」を定義する。「代理する」（*fungere*）という用語はつねに他性を内包し、この他性の名のもとに「権能」（*funzione*）は果たされる。しかしそれだけではない。ここで問題になる存在そのものが、人為的かつ函数的であることが重要なのである。それゆえ、この事実は当の存在を定義して理解することを、そのつど、ひとつの実践へと送り返す。

この代理性と道具的原因のパラダイムをとおして、倫理にひとつの原理が差し込まれる。のちにこの原理は、公法において幅広く適用されるだろう。そこにおいて動作主の倫理的もしくは物理的条件は、そのはたらきの有効性と実効性のまえで、取るに足らないものになる。

秘跡を受け入れるものは、教会の代務者から秘跡を授かることになる。しかしそれは、秘跡を授けるものが人物としてなにかしらのありかたをしていたからではない。そのものが教会の代務者であったからである［*non in quantum est talis persona, sed in quantum est Ecclesiae minister*］。*74 為すところのわざ《オプス・オペランス》と為されたわざ《オプス・オペラトゥム》の区別、つまり、ときに不純な（*aliquando immundum*）前者とつねに純粋な《センペル・エスト・ムンドゥム》（*semper est mundum*）後者の区別は、ここに根拠を有する。*75 しかし、このようにして、はたらきはそれを成就する主体に頓着しなくなり、主体はみずからのはたらきの倫理的性質に頓着しなくなる。

14

ここでわたしたちが起点としたカーゼルの主張に立ち返るとすれば、わたしたちは彼の厳密さを銘記するほかない。典礼をめぐる用語法において、エフェクトゥスが意味するのは実効性《ヴィルクリッヒカイト》、つまり、実在や現前の卓越したありかたのことであった。しかしながら、この現前のありかたは、その効果や実現から区別することはおろか、すでに確認した意味にもとづくならば、その有為性や実践から区別することさえ困難である。この観点に立つとき、典礼的秘儀のまさに本質があきらかになる。つまりその本質とは、実効性のもとに存在は実践として解体され、実践は存在として具体化されるかぎりにおいて、秘儀とは効果であり、秘儀的なものが実効性であるということである。つまり、典礼の秘儀は、有為性の秘儀と全面的に一致する。効力と行為の不確定性、もしくはここで問題となっている存在と実践の不確定性とおなじく、この一致は有為的である。この一致のもと、存在論史上に決定的な変換が生じる。すなわち、エネルゲイアから実効性への移行である。

この存在論の次元にあって、三位一体を定義するミステリウムとオイコノミアの結び目もまた、明確になる。典礼的秘儀がなされるとすれば、それはそこに神の存在の経済《エコノミーア》があるからである。

現代の神学者の説によると、典礼とは、神の内的経済《エコノミーア》の秘儀と歴史的経済《エコノミーア》の秘儀に続く、第三の秘儀にとどまるものではなく、むしろ、典礼的秘儀は先のふたつの秘儀と揺るぎなく一致する[*76]。聖体祭儀はただ、神の経済《エコノミーア》をそのつどあらたに実効的にして、記念するのみである。ここには、神の存在のオイコノミア、すなわち、ひとつの有為性がある。秘儀とはこれであり、ただこれだけが秘儀である。

もしそうなら、経済《エコノミーア》としての三位一体の観念における、さらには、秘儀としての典礼の観念における賭け金は、エフェクトゥスの存在論を打ち立てることだと言えるかもしれない。このあらたな存在論のもと、効力と行為、そして、あることとはたらくことはそれぞれ区別され、それと同時に、判別不能の閾をかいして結合される。じわじわと古典的存在論に取って代わったこの実効的存在論が、いかに存在というわたしたちの観念の根幹をなしているかということは、つまるところ今日のわたしたちにとって、いかに有為性以外の存在の経験がままならないかということにほかならない。これは現代性をめぐるすべての系譜学研究が検討せずにはいられない仮説である。

15　このあたらしい存在論的パラダイムを、古典的存在論の概念性で言い換えてみたい。古典的存在論がこうむった変化を示すことにかけては、その訳業をかいしてアリストテレスの『オルガノン』をラテン世界に知らしめたボエティウス以上の哲学者はいない。とりわけ彼に帰されるのは、ウーシア（*ousia*）をスブスタンティア（*substantia*）と翻訳したことである。これによって、ボエティウスは存在の実体論的観念を、偶有性に「さらされるもの」として中世に伝えた。だがここでは、『エウテュケス駁論』の一節を参照する。この論考においてボエティウスは、ヒュポスタシス（hypostasis）に対応する用語スブスタンティアの意味を定義しようと試みつつ、以下のように述べる。

基体［*subiectum*］が、ほかのさまざまな偶有性に、それらがありうるように［*ut esse valeant*］、いわば支えを与えて助けるもの［*subministrat*］は、実体［*substat*］としてある。つまり実体は、そうした偶有性の基体［*subiectum est accidentibus*］となって、それらを支えるものである［*sub illis enim stat*］。*77

ここで実体は、偶有性が存在しうるようにするひとつの作用であることはもはやあきらかである。実際のところ、すでにボエティウスの時代において、供給する（*subministrare*）という用語の派生元であるミニステル（*minister*）とミニストラーレ（*ministrare*）は、完全に典礼にまつわる専門用語に数えられている。しかしそれだけではない。実体をかいして偶有性が獲得した存在は、その作用の結果として生じた、有為的ななにかである。先の引用箇所の直前で、ボエティウスが以下のように記すことができたのはこれとおなじ意味においてである。

実体（*subsistentiae*）は、たしかに普遍的なもののうちに、ある［*sint*］。しかしそれは、個物的なもののうちでのみ、実体性を得る［*capiant substantiam*］。[*78]

実体とは、なにかしら「得られる」ものであり、実現されるものであって、みずからの実現から独立してあるものではない。ボエティウスがその用語法を引き出したギリシア語の原典とは符合しない、このきわだった表現を註解しつつ、デ・リベラは以下のように述べる。

ボエティウスにおいて、スブスタンティアという用語は、動詞スブスターレ（*sbstare*）とおなじく、ひとつの特性を意味する。カペレ・スブスタンティアム（*Capere substantiam*）という表現の意味は、なにかしらの偶有性の主体となることをなにかしらに許可するようひそかに作用する特性を得るということである。[*79]

実際のところ、ここで重要なことは特性ではなく、存在の内なる有為性である。存在は、この実効性によって、普遍のなかではただたんに在り、個物のなかでは実現され有効になる。『エウテュケス駁論』は三位性の神学にかんする著作である。その、アリストテレスによる第一カテゴリーの意味論的変換は、アレクサンドリアのアタナシオスに端を発して教会内で成功を収めつつあった、唯一神の三つの位格をめぐる教理との関連のもとに読まれなければならない。デリエは、アタナシオスにおける「位格」はもはや実体（*Realität*）ではなく実現（*Realisierung*）を意味することを示した。そこにおいて、本質そのものは、三つの外観のもとに、もしくは後世で呼ばれるところの、三つの位格のもとに現れ、有効になる。[*80] 信仰を「望んでいることがらの実体である」（*sperandarum substantia rerum, elpizomenon hypostasis*）と定義する『ヘブライ人への手紙』一一章一節のくだりを註釈するにあたって、神学者たちが利用するのは、実現する行為と有効にする行為が前景にとどまる、この「実体」という用語の有為的意味である。ヨハネス・クリュソストモスは以下のように述べる。「期待のなかの事物は実体を持たない［*anypostata*］ために、信仰はその事物に実体を与える［*hypostasin autois charizetai*］」。[*81] のちにオセールのハイモも同じ意味で述べることになる。

全面的な復活はまだなされていない。それがまだ実体となっていないあいだは、望みがわたしたちの霊魂のなかにそれを存在せしめる（*Resurrectio generalis necdum facta est et cum necdum sit in* *substantia, spes facit subsistere in anima nostra*）。[*82]

存在とは、在るものではなく、成るものであり、実現するものである。いずれにしても、存在とは実践の結果であり、信仰とはその実践の作用素である。すでに引用したマリウス・ヴィクトリヌスの定式にのっとるなら、信仰のもとで作用それ自体が存在となる。キリスト教の信仰とは存在論の運用である。そこで問題となるのは、存在を有為性に変換することにほかならない。

16

たとえ潜在的なかたちであるにせよ、有為性のパラダイムのもとでみずからの臨界点にいたるのは、西洋の存在論においてその始まりから一貫して提示されてきた過程、すなわち、存在をはたらきのなかに解体するか、すくなくとも不確定にする流れである。この意味では、アリストテレスによる効力〔潜勢力〕-行為〔現勢力〕の区別はたしかに存在論的であり、デュナミスとエネルゲイアは「存在と呼ばれるふたつの様態」である。しかし、存在のただなかに切れ目を刻み込み、のちには、デュナミスに対するエネルゲイアの優位を確約するために、西洋の存在論は存在から有為性に向かうベクトルをはらむことになる。この存在と有為性の区別は、実効性の存在論の根源的な核を構成する。効果を発揮することという用語は、わたしたちが確認したように、エネルゲイアという用語の翻訳をとおしてかたちを得る。存在とは、実現されるべき、

〈履行される《メッソインオペラ》〉べきなにかにほかならない。これこそ、新プラトン主義とキリスト教神学が、アリストテレスに端を発しつつもアリストテレスとは異なる観点のもとに練り上げていく存在の、決定的な特徴である。

　古典的存在論がキリスト教的かつ現代的存在論へといたるという、この変換の過程を開始する時と場は、プロティノスの位格にかんする理論である。のちにマリウス・ウィクトリヌスを経由して、アウグスティヌスによる三位性の教理に決定的な影響をおよぼすこのプロティノスの理論において、まさにヒュポスタシスという用語が本質的な権能を果たす。デリエは以下のことを示した。つまり、わたしたちが確認したように、ヒッポクラテスの学説においては、なおも「沈殿物、堆積物」を意味するヒュポスタシスという語が、新プラトン主義とキリスト教著述家たちにおいては、もはや積極的な意味を獲得し、超越的原理の実現を指し示すのである。つまるところ、ヒュポスタシスとは実在《レアリテート》（*Realität*）ではなく、実現《レアリジールン》（*Realisierung*）にほかならない。一者が超越的になればなるほど、その実在は三つの位格をかいさざるをえなくなる。このことが、キリスト教の三位一体の論理的モデルを構成する。*83 しかしそれは以下のことを意味する。つまり存在論は、根本的に、ひとつの実現として、さらには〈履行〉をめぐる位格上の過程として懐胎するのである。そこにおいて、存在と実践、効力と行為といった古典的存在論のカテゴリーはしだいに不確定となり、これからわたしたちが見るように、意志という概念が中心的な権能をはたしていく。

プロティノスにおけるこの不確定化の作用素は、「ほとんど、いわば」という意味のホーイオン（*hoion*）という用語である。ホーイオンの戦略的意味は『エンネアデス』の一節があきらかにする。そこにおいて、在ることとはたらくこと、効力と行為の二重性を乗り越える意志は、この二重性を完全に捨て置くことの不可能性と、軌を一にする。この著作の一者にかんするくだりで、プロティノスは以下のように述べる。

一者の位格のようなもの［*hoion*］とエネルゲイアのようなものは、異なるふたつのことがらではない。さらに言えば、知性のもとでも異なってはいない。エネルゲイアとはその存在による［*kata*］ものではなく、その存在はエネルゲイアによるものではない。一者は、性質から生じるなにかのように、存在を行為［*energein*］のもとに保持することはしない。エネルゲイアにせよ、生のようなものにせよ、一者における実体のようなものへと引き戻されることはありえない。ただ、実体のようなものは、最初からつねにエネルゲイアと同時に生じ、エネルゲイアに結びつく。一者が生じるのは、この両者からであり、自分自身からであり、そのほかの何者からでもない。[*84]

プロティノスはいっさいの留保をつけることなく「独立したあらゆる概念には、ホーイオンが添えられるべき」と断言する。[*85] いずれにせよホーイオンの特殊な使用と、シヌージア（*synousia*）さらには実体とエネルゲイアが結合した生成にかんする目的的思考は、新プラトン主義において古典的存在論のカテゴリーを不確定にする傾向をもたらす。キリスト教の領域において、同カテゴリーは実効性のパラダイムを練り上げていくのである。

17　一九六一年刊行の『ニーチェ』第二版に収録された、一九四一年の「存在の歴史としての形而上学」において、ハイデッガーは重要な考察を「エネルゲイアのアクトゥアリタスへの変換」（*Die Wandel der* energeia *zur actualitas*）の一項にあてた。彼は以下のように述べる。

いまやエネルゲイアは、作業《オペラーリ》の成果としての作品《オプス》、行為《ファケレ》の帰結としての事実《ファクトゥム》、作動《アゲレ》の結果としての活動《アクトゥス》となった。もはや仕事《エルゴン》は、現前の開かれのなかへ放たれた自由なもの［*das ins Offene des Anwesens Freigelassene*］ではなく、作用において執りおこなわれたもの［*das im Wirken Gewirkte*］である。［…］仕事の本質は、もはや自由なもののなかにあって卓越した現前という意味での「作品性《ヴェルクハイト》」［*Werkheit*］にはなく、作用のもとに支配され、執行手続きのなかに組み込まれた現実的なものの「有　為　性《ディー・ヴィルクリッヒカイト》」［*die Wirklichkeit*］にある。存在は、エネルゲイアの起源たる本質から歩を進めて、ついに実際性《アクトゥアリタス》(actualitas)になったのである。[86]

ハイデッガーはこの変換のマトリクスがローマにあることを突き止めた。歴史叙述の観点に立つなら、ここで扱われるのは「ギリシアからローマへの概念性の移行」である。さらにハイデッガーは、この変換に「ローマ教会」がおよぼしたあきらかな影響に注意をうながす。[87] ただしハイデッガーによると、この存在論の変換を招いた存在論的パラダイムは、「創造における聖書的 - キリスト教的信仰」である。

実際性《アクトゥアリタス》へと変化した存在が、存在者全体にあの根本的な身ぶりを向ける。つまり、創造における聖書的 - キリスト教的信仰の表象が、みずからの形而上的正当性を確保するために独占した、あの身ぶりである。[88]

先行する分析は、以下のことを示した。つまり、有為性の存在論の構造において決定的な神学的パラダイムとは、創造の概念ではなく、むしろエフェクトゥスや為されたわざ《オプス・オペラトゥム》にもとづく理論に裏打ちされた秘跡の典礼《リトゥルジーア》にほかならない。この意味において、わたしたちが展開するのは、エネルゲイアが現実性《アクトゥアリタス》へといたる変換の歴史において欠落した一章を再構成する探求である。また、ハイデッガーの探求がそのひとつの補完を構成するのと同様に、わたしたちの探求も、近代性の存在論の「崩壊」にさいして存在の歴史（*seinsgeschichtlich*）という観点に立って考察された、貢献のひとつとみなされるべきである。*89

霊魂存在論が存在の歴史の再構築において中心を占めるにあたって、ハイデッガーは、現代形而上学の中軸を惹起や生産という意味を帯びた作用と定義する。形相を取る現前における存在の残留を名指していた仕事《エルゴン》は、いまや、実現と生産の産出物に変わる。

> 存在が実際性《アクトゥアリタス》へと変化するとき、存在者は現実に有効なものであり、それは原因となる生産という意味での作用によって規定される。人間の行為および神の創造の現実は、ここから説明される。［…］本質《エッセンティア》（*essentia*）と区別された存在《エッセ》（*esse*）は、現実的存在《エッセ・アクトゥ》（*esse actu*）である。しかし、実際性《アクトゥアリタス》とは因果性《カウザリタス》（*causalitas*）にほかならない。現実としての存在が帯びる原因的特徴は、それが存在しないことはもはやありえない存在者として、存在の本質を至上の意味でみたしているあの存在者として、もっとも純粋に示される。「神学的用語」で考えるならば、この存在者は「神」と呼ばれる。［…］至上の存在者は、たえずみたされた純粋に有効な実現［*Verwirklichung*］、すなわち、純粋な活動《アクトゥス・プルス》（*actus purus*）である。*90

神の前にあって、人間の世界は創造から引き起こされた有効性として理解される。

現実的に有効なものとは実在するものである。それは因果関係のなんらかの様態をかいして、原因の外部を構成する《コンスティトゥイトゥール・エクストラ・カウザス》（*constituitur extra causas*）すべてのものを包摂する。しかし、存在者の全体は、第一の執行者［*wirker*］によって、為されたもの－為すところのもの［*das Gewirkte-Wirkende*］であるため、存在者の全体にはある固有の構想がもたらされる。この構想は、至上の存在者たる行為者によって、そのつど、実現するものと一致するよう定められるものである。*91

ハイデッガーによると、実効性としての存在、つまり、ただしさをたしかさに変化させうるものとしての存在にかかわるこの観念のもと、神への信仰をかいして救済を確実なものにする人間は、技術をかいして世界の全面的支配を万全にする。

ここに再構築された、存在の歴史におけるキリスト教神学の決定的な影響とは、いったいどれほど霊魂創造論的パラダイムに対する特権的な債務者であるのかと、問われるかもしれない。ハイデッガーはこのモデルに依拠することで、技術の本質を生産と配置として、徴発《ゲシュテル》（*Gestell*）の本質を使用可能性というありかたにもとづく実在の保証として、とらえることができた。しかし、まさにこのために、ハイデッガーは今日において完全にあきらかになった以下のことを見通せなかった。すなわち、技術の本質をただ生産の形相においてのみ理解するかぎり、技術の形而上的本質をとらえることはかなわないという事実である。技術の形而上的本質は生産の形相でもあるが、それにもまして、統治とオイコノミアなのである。その統治とオイコノミアが最終的な結末においてなしうるのは、人間と事物を管理するための、より洗練され、より普及した形相の名のもとに、因果の生産を一時的に括弧に入れることにほかならない。このきわだった実践こそ、わたしたちが典礼《リトゥルジーア》の分析をとおして定義しようと試みたものである。

ℵ エネルゲイアから実際性《アクトゥアリタス》への移行を再構築するにあたって、ハイデッガーがかたくなに言及を避けた用語がある。それは、エネルゲイアの最初のラテン語訳であり、わたしたちが確認してきた、エフェクトゥスとオペラティオである。ハイデッガーは、後期スコラ学においてようやく登場する実際性《アクトゥアリタス》という用語に焦点を合わせることを選ぶ。これにかんするその内なる理由は、彼の当の思索に織り込まれているかもしれない。ただ、ハイデッガーの思索における存在論は、彼が批判しようとする有為性のパラダイムと、そう信じられている以上に固く結ばれている。現存在《ダーザイン》の存在、すなわち、実存に本質が横たわる存在者の存在、もしくは、本来性のもとへ投げ出されたみずからの存在をそのつど引き受けるかぎりにおいて、固有のありかたで在らねばならない存在、こうした存在は、たとえ限定的ではあっても、疑いようもなく実効的である。なぜなら「その存在において、その存在のなかで、まさにその存在そのものがさらされる」ために、現存在《ダーザイン》はただ在るのではなく、そう在るように在らねばならないのであり、つまるところ、みずからの存在を実現し、それを有効にしなければならないのである。それゆえハイデッガーにおいて、現存在《ダーザイン》は与件としてと同時に役目として、さらには、まさにたえまなく実現する様態として在るなにものかとして提示されうる。

この観点において示唆的なのは、一貫して美学に背を向けて存在論を志向するハイデッガーの芸術作品にかんする解釈の土台にも、有為性のパラダイムに類似するものが見いだされることである。つまるところ、「真理を〈仕事の内に据えること〉《メッテレインオペラ》（*das Kunst ist das Ins-Werk-setzen der Wahrheit*）」という芸術の名高い定義は、有為的存在論を前提としている。[*92] 一九三五年刊行の『形而上学入門』において、芸術作品とは「存在者のうちに存在を実現する［*erwirkt*］」ものであり、「実現すること［*erwirken*］とは〈作品の内に据えること〉《メッテレインオペラ》と定義される。[*93] 存在とは、「〈履行され〉《メッソインオペラ》」なければならないなにものかであり、芸術と哲学はこの作用の動因にほかならない。

『芸術作品の根源』に付け加えられた一九五六年の「補遺」において、ハイデッガーは徴発《ゲシュテル》という用語をもちいている。「ここで形態［*Gestalt*］と呼ばれるものは、つねに据えること［*stellen*］と、ゲーシュテル［*Ge-stell*］から考えられなければならない。つまり、どの程度みずからを据えて、どの程度みずからを作るか［*sich auf- und herstellt*］という基準のもとに、その作品がいかなるものかを考えるべきである」[*94]。このようにハイデッガーは、いっさい留保することなく、芸術作品のなかに生じるものと技術的生産を指し示す用語のいずれにも徴発《ゲシュテル》があてはまることを、示唆的にも呼び起しもする。[*95] その直前の箇所で、ハイデッガーは、〈仕事の内に据える《インダスヴェルクゼッツォン》〉という表現に織り込まれたあいまいさをあきらかにする。つまりこの表現は、存在が仕事のうちにみずからを据えるという意味にも、存在がそのためにこそ人間の介入を必要とするという意味にも取れるのである。ハイデッガーの存在論において、現存在《ダーザイン》と存在《ザイン》は、相互に実現しあうひとつの関係のもとに包摂される。この関係のもとで、ちょうど典礼的有為性のパラダイムにおけるように、現存在は存在を〈履行〉して有効にするということもでき、また、存在は現存在を実現するということもできる。いずれにしても、現存在《ダーザイン》と存在《ザイン》の関係は、典礼のような、つまり、政治的であると同時に存在論的でもある役割のような、なにかである。

典礼的秘儀の存在論を定義する特徴を、定言の形式に要約してみたい。

一、典礼において問題になるのは、実効性というあらたな実践的-存在論的パラダイムである。そこにおいて、在ることとはたらくこととは確定不能の閾に入る。フーコーの言にもあるとおり、プラトンが政治家へ教えたことはなにを為すべきかということではなく、いざというときによくはたらくことができるよう、いかに在るべきかということであった。[*1] もしそうであるならここで重要なのは、在ることができるよう、いかにはたらくべきかを示すことである。もしくはむしろ、なんら頓着しない域にいたることかもしれない。その域において祭司は、為すべきこととして在り、在ることを為さねばならない。古典哲学を定義した、在ることに対するはたらくことの従属は、こうしてその意味をうしなう。

二、一方で、存在と実体はそれらが生み出す効果から独立している。それにもかかわらず、実効性にかんがみるとすれば、存在は、みずからの効果と見分けがつかなくなり、効果のなかに在り《エッセ・イン・エフェクトゥ》、効果に対して「函数的」である。

三、実効性の本質的特徴は有為性である。この用語によってわたしたちが理解するのは、存在はただ素朴に在るのではなく、「仕事の内に据え」られてあるのであり、みずから効果を発揮し、実現するという事実である。結果としてエネルゲイアは、もはや現前のもとに満ち足りた滞留として〈仕事の内に在る《エッセレインオペラ》〉ことではなく、ただ「有為性」を指し示す。この「有為性」のもと、効力〔潜勢力〕と行為〔現勢力〕、作用と仕事はそれぞれ確定不能となり、それぞれの意味をうしなう。わざ《オプス》とは、作用《オペラティオ》そのものである。潜在性のもとでみずから履行されて実現する神の効力（*operatoria virtus Dei*）とは、有為的なのである。この意味において有為性とは、実在的な潜在性、もしくは、潜在的な実在性の謂である。

四、この次元においても、原因と効果は残る。しかし同時に、それらは確定不能となる。一方で動因がはたらくのは、動因がみずからも効果であるかぎりにおいてのみである。つまり、道具として、第一動因によってはたらかされるかぎりにおいてである。他方で効果はその原因によってみずからを律している。このときの原因は、たんなる道具的原因であって、動力因や目的因ではない。

五、したがって、秘儀的はたらきはふたつに分割される。明瞭なはたらき、つまり、為すところのわざ《オプス・オペランス》もしくは為す者のわざ《オプス・オペランティス》は、はたらくように見えるものの、実際は、隠された動因に道具と「代役」を提供するだけである。作用のあらゆる効能は、この動因に属している。しかし、道具的原因に縮減されたはたらきをその効能から切り離すことの真の恩寵は、秘儀的作用が為されたわざ《エクス・オペレ・オペラート》にもとづく実効性をいっさいの遺漏なく獲得しうる点にある。

3　任務の系譜学

1　教会史において、わたしたちがその特徴を定義しようと試みている実効的実践を名指す用語は、じつは「リトゥルジーア」ではなく、オフィキウム（*officium*）である。この前者がラテン語に登場したのはせいぜい一七世紀以後のことであり、専門的意味を獲得して広く成功をおさめたのは二〇世紀に入ってからのことである。

たしかに最初の数世紀は、さまざまな用語がレイトゥールギア（*leitourgia*）というギリシャ語の訳語の座を争い、より一般的な文脈において原語の表わす権能を指し示すためにもちいられた。最初にまず挙げられるのは、ローマ帝国において政治的つとめを意味する用語のムヌス（*munus*）である。ローマの法的‐政治的語彙のなかで、ムヌスはレイトゥールギアと完全に一致する。そのため世俗資料は、デクリオのムヌス（*munera decurionum*）、クリアのムヌス（*munera curialium*）、剣闘士のムヌス（*munera gladiatorium*）、毎年のムヌス（*munera annonarium*）、軍事のムヌス（*munera militae*）などと無頓着に語る一方で、ギリシャ語におけるレイトゥールギアと同様に、個人のムヌス（*munera personalia*）、資産のムヌス（*munera patrimonii*）、混成のムヌス（*munera mixta*）などは分類する。したがって、早々にこのムヌスという用語が教会の語彙に加わって、以下のふたつの意味を指し示すとしても驚くにはあたらない。ひとつは包括的な、祭司による神への奉仕であり、もうひとつはキリストによる供犠そのものである。オフィキウムという用語の使用において、決定的な衝撃をもたらすアンブロジウスにおいてなお、このふたつの語義は担保される。アンブロジウスはある書簡のなかで、以下のとおり伝えている。彼があたらしい聖堂でミサを挙行し始めた際、帝国の役人が別の聖堂にやって来たという一報を受けた信者の数名がその場を後にしたという。「そのときわたしはムヌスにとどまり、群衆に語りかけた」（*Ego tamen mansi in munere, missam facere coepi*）。[*1] ここでムヌスは、アンブロジウスがはたしていた権能以外のなにものでもない。これに対して示唆的にも別の書簡では、キリストの死そのものをして公的なムヌス（*publicum munus*）と定義される。「世界を救うのは子をかいした王の力であることを証明するため、彼はみずからの死を、みずからの公的なムヌスに加えられるようにする」（*quia cognoverat per filii mundi redemptionem aula regalis, etiam sua morte putaverat aliquid publico additurum muneri*）。[*2]「ヘブライ人への手紙」と同様に、ここでキリストの供犠は、公的な役割とともに、人類の救済のために成就され

るつとめとして立ち現れる。

しかし、典礼的権能を代名詞のごとく言い表わすよう初めから割り当てられていたラテン語は、おそらくミニステリウム（*ministerium*）である。「ウルガータ」の「ヘブライ人への手紙」と「パウロ書簡」においてヒエロニムスは、レイトゥールギアという用語をミニステリウム、ミニステル（*minister*）およびミニストラーレ（*ministrare*）という表現に置き換えるが、それだけではなく、ディアコニア（*diakonia*）という用語を置き換える際にもそれらの表現をもちいている。[*3] この翻訳が古代の用語法を反映していたにちがいないことは、研究者によって紀元二世紀のテクストと同定された、「クレメンスの第一の手紙」のラテン語訳から裏づけられる。[*4] わたしたちはここに、翻訳にさいして問題含みとなるすでに引用した一連の語彙、つまり、ミニステリウム、[*5] ミニストラティオネム、[*6] ミニステル、[*7] ミニストラーレを見いだすことができる。[*8][*9] アンブロジウスはときおり、ミニステリウムをオフィキウムと混合するように並列して使用する。「罪は赦される［…］祭司の聖なるオフィキウムとミニステリウムによって」（*remittuntur peccata...per officium sacerdotis sacrumque ministerium*）。[*10] キプリアヌスも同様である。「そのオフィキウムとミニステリウムは忘れてしまった」（*officii ac ministeri sui oblitus*）。[*11] さらに偽クレメンス文書の『認識』では、「司教のオフィキウム」（*episcopatus officium*）というように、司教の権能を指し示す用語としてミニステリウムのほかにオフィキウムも見いだすことができる。[*12] ちなみにルフィヌスにも「使徒のオフィキウム」(apostolatus officium)という表現が確認される。*13

自身の著作に『代務者《ミニステル》の任務《オフィキウム》』と表題をつける、一見したところ気まぐれのようなアンブロジウスの決断は、この文脈にこそ位置づけられなければならない。したがってオフィキウムに、教会の典礼的実践を総合的に表わす用語としての成功をもたらしたにちがいない一連の著作を参照することから始めたい。すなわち、セビージャのイシドールス『教会聖務論』から、メッスのアマラリウス『聖務書』、ヨハネス・ベレートス『教会聖務大全』、クレモーナのシカルドゥス『司教』、そしてグリエルムス・ドゥランドゥス『神の聖務の規則』にいたる著作である。

2

オフィキウムという用語の考古学が幕を開く瞬間は、キケロの用例にほかならない。ラテン語の哲学的語彙を練り上げる試みを重ねるなかで、キケロが決断したのは、カテーコン(*kathēkon*)という歴史的概念をオフィキウムという用語に置き換えることと、ひとつの著作を『義務《オフィキウム》について』という表題で執筆することである。良くも悪くもこの著作が、西洋の倫理に対する影響を間断なく及ぼしてきたことはまちがいない。この「良くも悪くも」という定型句が表わす疑念は、以下の事実から裏づけられる。すなわち、キケロが取り上げたギリシャ語の概念も、キケロが提案したラテン語の同義語も、わたしたちが道徳に分類することをためらわない見識、すなわち、善と悪をめぐる教理とは、なんらかかわりを持たないということである。最高善にささげた著作のなかで、キケロはいっさいの留保を抜きに、「善のなかにも悪のなかにも、義務を持ち込んではならない」〔*officium nec in bonis ponamus nec in mali*〕と宣言する。[*14] ましてや、法の圏域に属する概念が問題となるわけでもない。『義務について』は、普遍的な善と義務にかんする著作でも、法的に定められたすべきこととすべきでないことにかんする著作でもない。これはすでに示唆されているように、在職者（*devoir de situation*）にかんする著作であり、状況に応じた、さらにいうなら、動作主の社会的条件にかんがみて、状況ごとに釣り合いの取れた、ふさわしいおこないにかんする著作である。[*15]

この著作の理論上のねらいは、ギリシャ語からラテン語への翻訳をつらぬく戦略によってぶれることはない。

わたしはつねにギリシャ語とラテン語の研究をつなげてきた。〔…〕それゆえわたしは、あなたにも同じことをするよう勧める。そうすればあなたは、ふたつの言語でおなじ命令を得ることだろう（*semper cum graecis latina coniunxi...ut par sis in utriusque orationis facultate*）。[*16]

それゆえ、動作主の状況を精確に把握するだけで、仕事の内容と成果をしっかり理解することができるだろう。

ディオゲネス・ラエルティオスによれば、慣用的に「ふさわしいこと、適切なこと」を意味するカテーコンという用語を、最初に哲学的語彙に持ち込んだのは、おそらくゼノンである。ゼノンはこの用語を以下のように定義する。

非の打ちどころのない道理を持つはたらきがある［eulogon…apologismon］。たとえば、生においてて立ち現れる生命のようなものである。このはたらきは、植物にも動物にも適用されるだろう。実際、カテーコンはこうしたはたらきにもかかわる。*17

ストア主義者たちはカテーコンからカトルトーマ（*katorthōma*）と呼ばれるものを区別した。カトルトーマとは、つまるところ、善によって正しく果たされたはたらきである。たとえば、行為が徳と一致する（*kat' aretēn energēmata*）とき、そのものはつねに善く、つねにふさわしく（*aei kathēkei*）、状況から独立している。結果、それは「完全に適切なもの」（teleion kathēkon）と呼ばれる。これに対して、たんなるカテーコン（*kathēkonta*）は、その適切さが状況に依拠するものであり、「中程度のもの」（*mesa*）と定義される。

適切なもののうち、いくつかのものはつねにそうであり、別のものはそうではない。つまり、つねに適切なものは徳によって生きる。つねに適切というわけではないものは、その代わりに、質問をしたり、応答をしたり、散歩をしたり、ほかのおなじようなことをしたりする。[*18]この意味において、中程度に適切なものは、正しいはたらきと悪しきはたらき、もしくは誤ったはたらきとの、あいだに置かれる。

はたらきのうち、いくつかのそれは正しく（*katorthōmata*）、別のそれは誤っていて（*hamartēmata*）、そしてそのほかのそれはこのいずれでもない。正しいはたらきとは、思慮深くあること、分別があること、正しくふるまうこと、陽気であること、恩恵をなすこと、慎重に生きることである。悪しきはたらきとは、無分別にふるまうこと、不摂生であること、不正にふるまうこと、陰気であること、盗むこと、一般的に、正しいことの反対をなすことである。正しくも悪しくもないはたらきとは、話すこと、質問すること、応答すること、散歩すること、移住すること、ほかのおなじようなことである。[*19]

カテーコンとカトルトーマのちがいは、キケロの『ストア派のパラドックス』の一節にあきらかである。そこでは、自身の不注意で船を難破させてしまう舵取り（*gubernator*）の例が取り上げられる。善それ自体（*katorthōma*）の観点からすれば、航海術のレベルに見合う操舵手の罪は、金を積み込んだ船であっても、藁を積み込んだ船であっても、まったく等しくなる。それに対して、カテーコンの観点からすると、状況そのものが決定的な要素になる。つまり、もしその船が金を積み込んでいたなら、罪はいっそう重いものとなる。キケロは『義務について』のなかで、あらためてこのたとえ話を取り上げる。

したがって、罪を犯す対象の性質に拠るのである。その対象が航海そのものであれば、ふたつの例に差はない。その対象がオフィキウムであれば、そこには大きな差が生まれる。実際の航海において不注意で船をうしなった場合、藁を積んだ船よりも金を積んだ船のほうが、罪は重くなる（*Ergo in gubernatione, nihil, in officio plurimo interest quo in genere peccetur. Et si in ipsa gubernatione neglegentia est navis eversa, maius est peccatum in auro quam in palea*）。[*20]

航海それ自体は、オフィキウムではなくひとつのはたらきである。技芸の規範に照らし合わせるなら、このはたらきは、たんに正しいものか誤っているもの、たんに善いものか悪しきもののいずれかになる。それに対してオフィキウムの観点に立つなら、おなじはたらきが、そのはたらきを規定する主体と客体の状況から考察されるだろう。とりわけ驚くべき点は、西洋世界の倫理に義務という基礎知識を導入することになる『義務について』が、実際のところ、善や悪をめぐる教理とはいっさいかかわっていないことである。その代わりにこの著作が扱うのは、主体のはたらきを「状況に応じて」定義する、すぐれて可塑的な基準にほかならない。

3　ギリシャ語のカテーコンをオフィキウムというラテン語に翻訳したキケロの決断は、この文脈に位置づけられなくてはならない。キケロはこの翻訳を提唱する際に、大きな自信を見せている。「表題にかんする質問に答えるなら、カテーコンにオフィキウムを対応させるにあたって、わたしはなんら疑うところがなかった」（*quod de inscritione quaeris, non dubito quin* kathēkon *officium sit*）。[*21] それにもかかわらず、この自信は差し引かれざるをえなかっただろう。なぜなら、キケロ本人によって「彼はアテネ生まれのように見えるほど、ギリシャ語を達者に話す」（*sic enim Graece lo quebatur ut Athenis natus videretur*）と評される、当代きってのギリシャ語の専門家アッティクスが、彼の翻訳にほとんど納得していないように思われるからである。

けれどもなぜ君は、オフィキウムという言葉が、政治的なことがらにもきちんと当てはまることを、疑問に思うのか？　執政官のオフィキウム、元老院のオフィキウム、将軍のオフィキウムということはできないだろうか？　これはとてもしっくりくる。もししっくりこないというなら、より良い言葉を提案してもらいたい（*id autem quid dubitas quin etiam in rempublicam caderet? Nonne dicimus consulum officium, senatus officium, imperatori officium? Praeclare convenit; aut da melius*）。[*22]

『義務について』に取り組む研究者たちは、パナイティオスの『カテーコンについて』に代表されるギリシャ語の原典、ならびに、スキピオの貴族政に範を取るキケロの理念「公共なもの」（*res publica*）に決定的な危機をきざんだ同時代の政治的事件とこの作品の関連について、多くの考察をめぐらせてきた。ここでとりわけ興味を引くのは、キケロによるオフィキウムという用語の選択それ自体にこめられた、戦略的意味である。

現代の研究者はオフィキウムの語源について推察し、それをオピフィキウム（*opificium*）、つまり「作品を実現するできごと」もしくは「アトリエのなかで職人（*opifex*）によって効果を発揮させられた仕事」を意味する架空の言葉に求めている。[*23] それに対して、古代ローマの著述家が、オフィキウムをあらためて動詞エフィケレ（*efficere*）に紐づけていたことは示唆的である。「そこで効果を発揮するものゆえ、そこで求められるものゆえ、オフィキウムは一人ひとりが属する状況にかかわると言われている」（*officium dicitur ab efficiendo, ab eo quo quaeritur in eo, quid efficere unumquemque conveniat pro condicione personae*）。[*24] 著述家たちにとって重要だったのは、オフィキウムの「固有の社会的条件と調和するように成就した、もしくは成就されなければならない、効力あるはたらき」という意味にほかならない。

したがって、オフィキウムという用語が適用される圏域は、キケロが著作の冒頭で以下のように述べるほど広大である。

こと生の局面については、それが公的と私的とにかかわらず、仕事と自宅にいるとにかかわらず、自身のみにかかわることに取り組んでいると他人と取引しているとにかかわらず、オフィキウムを抜きにした局面などありえない（*nulla enim vitae pars neque publici neque privatis neque forensibus neque domesticis in rebus, neque si tecum agas quid, neque si cum alterum contrahas vacare officio potest*）。[*25]

この意味において、プラウトゥスは、秘書や給仕などのオフィキウム以外にも、上流階級の婦人のオフィキウムに対置される売春婦のオフィキウムに言及することができた。「それは婦人のオフィキウムではなく、売春婦のものです」（*non matronarum officium est sed meretricium*）。[*26] またプラウトゥスには、否定的な意味を帯びた「ならず者のオフィキウム」（*improbi viri officium*）という表現も見られる。これは別の場所で問題となる「いかさま師のオフィキウム」（*calumniatoris* *officium*）にも通じる。[*27] これらの主語の属格は、とある主体がその状況のなかで期待されるふるまいこそが重要であると示している。この一連のケースにおいて、時としてふるまいは、まぎれもない責務そのものとして形成されうる。たとえば、解放奴隷や被保護者とかかわる保護者もしくは平民保護貴族（*patronus*）に対して、「あなたはあなたのオフィキウムをなさい」（*tu tuum officium facies*）とテレンティウスは述べる。そのとき言及されているのは、被保護者を庇護および援助する保護者の責務にほかならない。

しかしながら、オフィキウムのきわだった性質は、狭義における責務や義務が生じないところにこそ、はっきりと現れる。たとえば、奉仕《オブセルヴァンティア》（*observantia*）もしくは出席《アドセクタティオ》（*adsectatio*）の例が挙げられる。これらは、古代ローマのように徹底的に儀式化の進んだ社会において、とりわけこの保護者にふさわしい敬意を表わそうとする被保護者の態度を指し示すものであり、とりわけこの保護者がよく知られた有力な人物であった際に、しばしば行われるものであった。この出席《アドセクタティオ》（*adsectatio*）は三つのかたちで表わされたことが分かっている。[*28]

（一）挨拶《サルタティオ》（*salutatio*）。これはわたしたちの挨拶ではない。保護者の家における被保護者の表敬訪問のことである。すべての挨拶者（*salutatores*）が、保護者の家にあたたかく迎え入れられるわけではない。ほとんどの者は中庭（*atrium*）までしか通されず、点呼者（*nomenclator*）がみずからの名前を呼んだ際に、施し（*sportula*）を受ける。とある資料は、挨拶は最低限のオフィキウム（*officium minimum*）だとみなされていたにもかかわらず、それは保護者の気に召すように行われ（*effici*）えたことを伝える。

（二）連行《デドゥクティオ》（*deductio*）。これは保護者の家から広場まで、彼に随行する（*deducere*）行為を指し示す。被保護者がとりわけうやうやしくあろうとする際は、広場から家までの帰途にも付きしたがう。これは重要なオフィキウムであった。なぜなら、保護者の名声はその随行者の人数によっても決まったからである。「連行のオフィキウムは挨拶のそれよりも重要である」（*deductorum officium maius est quam salutatorum*）。[*29]

（三）最後に、出席《アドセクタティオ》（adsectatio）である。この意味するところは広く、挨拶《サルタティオ》と連行《デドゥクティオ》を含んでいた。しかし出席は、それらのように特定の機会にかぎられるものではなく、むしろ保護者に対して、永続的に謁見を重ねることを請け負うといったものである。

これらの状況下におけるオフィキオシオール（*officiosior*）とは、言い換えるなら、よりオフィキウムにかなうことはなにかと検討するにしても、それは単純明快に回答されうる問題ではない。この問題は、あらゆる事情とニュアンスがふまえられるべきものであり、その態度こそ、オフィキウムを負った者《オフィキオスス・ウィル》(*officiosus vir*)が尊重するよう求められていたことである。

この意味においてとりわけ示唆に富んでいるのは、オフィキウムという用語の淫猥な用法である。わたしたちはそれを、オウィディウスやプロペルティウスに見いだすことができる。「どの女の子も、わたしに彼女のオフィキウムをしてくれない」(*officium faciat nulla puella mihi*)。[*30]「しばしば女の子は夜通しわたしのオフィキウムにふける」(*saepest experta puella officium tota nocte valere meum*)。[*31] さらにペトロニウスも、持ち前の機知をふるって述べる。「眼差しをわたしの股に向けた彼は、そこに勤勉な《オフィキオサム》手を添えて〝ごきげんよう!〟と挨拶する」(*ad inguina mea luminibus deflexis movit officiosam manum et "salve" inquit*)。[*32] たしかにこれらは語義の意図的な反語的拡張でしかなく、そもそもオフィキウムとは、キケロが飽くことなく主張し続けたように、なによりもまず名誉(*honestum*)、礼節(*decorum*)、友愛の圏域に属する言葉である。それにもかかわらず、このような淫猥な文脈における用法は、まさしくオフィキウムという用語本来の意味を理解する助けとなりうる。他方、大セネカは弁論家クィントゥス・ハテリウスの無自覚な失言に言及する。ハテリウスは、保護者と性的関係を持ったことを告発されている解放奴隷を弁護するため、以下のとおり素朴に申し立てた。「慎みのなさは、自由人においては罪悪であり、奴隷においては必然であり、解放奴隷においては任務なのである」(*impudicitia in ingenuo crimen est, in servo necessitas, in liberto* *officium*)。[*33]

オフィキウムは、法的もしくは道徳的な責務ではなく、単純にして純粋な自然的必然でもない。それは社会的にコード化された関係のもと、人格間に期待されるふるまいにほかならない。ただし、オフィキウムの強制力はあまりにも漠然とした不確定なものであるため、常識的にはあきらかに風紀の紊乱とみなされるようなふるまいでさえも、それはいささか嘲笑的な調子を帯びつつ言及されうるのである。ゼノンにかんする最新の語彙論研究において、「もっともらしさ」と「脈絡」の問題が取り上げられていることは興味深い。それによると、オフィキウムとは、一個人が脈絡をつけてふるまうようにすることを意味する。すなわち、売春婦であれば売春婦らしく、ならず者であればならず者らしく、さらにいうなら、執政官であれば執政官らしく、時代をくだるとするなら、司教であれば司教らしく、そのようにふるまうようにするのである。

4　一七世紀以降はオフィキウムを「義務」とする翻訳が普及するにもかかわらず、このラテン語の用語は、現代文化において義務という言葉が獲得することになる道徳的責務もしくは法的責務という強い意味を、欠いている。奴隷は保護者に恩恵をなしうるか否かとヘカトンに問われた際、セネカは彼に答えて、ベネフェキウム（*benefecium*）、オフィキウム、ミニステリウムの区別を呼び起こしたことはたしかである。そこでオフィキウムは、父と夫にかんすることをなすように子と妻をしばる必要性として定義される。「子と妻、もしくはその役目にともなう必要性であり、そこで関係性は彼らに動機を与え、手を貸すよう駆り立てる」(*officium esse filii, uxoris, earum personarum quas necessitudo suscitat et ferre opem iubet*)。[*34] その一方でセネカは、保護者に対する奴隷の義務を説明するために、もっぱらミニステリウムについて語っている。ここで両親に対するオフィキウムが、この意味において、必要性《ネケッシトゥード》(*necessitudo*)という特徴を帯びていたことはたしかである。いずれにせよ『学説彙纂』の一節以上にこのことをはっきり示すものはない。そこでは、オフィキウムの必要性がなにかしら法的な特徴を帯びるとしても、それでもなお、契約上の拘束とは形式的に異なるものであることがあきらかになる。

使用貸借のもとに財産を託すことは、必要性［*necessitas*］というよりも、意志やオフィキウムにもとづく。それゆえ、使用貸借の方式と期限を決めることは、財産が帰属する者しだいである。しかし、使用貸借のもとに、行為がはたされ、財産が託された際に、使用貸借が遡及的に打ち切られること、期限を前倒しして財産が取り返されることを阻止するのは、オフィキウムというよりも、債権者と債務者のあいだで契約された拘束なのである［*non officium tantum impedit, sed et suscepta obligatio inter dandum accipiendumque*］。[*35]

この一節があきらかにするのは、拘束《オブリガティオ》（*obligatio*）がはたらきから生じるのに対して、オフィキウムは、すでにわたしたちが知るように、条件もしくは状態から生じるということである。この例として血縁関係や姻戚関係が挙げられる。「アウルス・ゲッリウスがいうには、必要なオフィキウムを任せることのできる血族か親戚がいなくてはならないとのことである」（*necessarii sunt, ut Gallus Aelius ait, qui aut cognati, aut adfines sunt, in quos necessaria officia conferuntur*）。[*36]

ℵ　ゲッリウスの別の一節がわたしたちに伝えるのは、ローマ人がふたつの必要性を区別していたことである。[*37] つまり、ネケッシタスという、完全に物質的な（*vis quaepiam premens et cogens*）必要性と、ネケッシトゥードという、神または人の法および「紐帯と親交の法」（*ius quoddam et vinculum religiosae coniunctionis*）による法的拘束を表わす必要性とが区別されていた。またゲッリウスが示唆するのは、法もしくは任務を指し示すにあたって、ネケッシタスという語がもちいられることは、ほぼない（*infrequens*）ということである。この区別は、ドイツ語のミュッセン（*müssen*）とゾーレン（*sollen*）というふたつの動詞が対置する、物質的必要性と法的必要性の区別に一致するかのようであるとケルゼンはいう。

5

キケロは著作の主題を明示するにあたって、オフィキウムに固有の性質とはいかなるものかという問題を示唆する。キケロによると、オフィキウムをめぐるすべての問題は、ふたつの様相を呈している。第一のそれは究極の善(*finis bonorum*)にかかわっており、第二のそれは「生のあらゆる局面において生の使用のかたちとなりうる」[*in omnes partes usus vitae conformari possit*]掟にかかわっている。[*38] この掟もなんらかのあり方で善とかかわっているにもかかわらず、この掟を特徴づけるのは、「それらがとりわけ、共同の生の創設を目指すように思われる」[*magis ad institutionem vitae communis spectare videntur*]点である。[*39] ここでいう「生の使用にかたちを与える」ことと「共同の生を設ける」ことはなにを意味するのだろうか? これらが表現するのは、たんに法的もしくは道徳的な意味ではなく、いわば人類学的な意味でもある。このことがあきらかになるのは、直後の、キケロが人間の生に固有なあり方と動物のそれを対置するくだりである。感覚のみに衝き動かされる動物は、身近に現前するものとすぐさま折り合いをつけつつ(*quod adest quodque praesens est*)、過去と未来にかかずらうことをしない。

それに対して、理性を授かる人間は、事物間のつながり[*consequentia*]を把握する。その原因を見極め、きざしやいきさつを見落とすこともない。似ている事物を比べつつ、現在の事物に未来を結び付けることで、生の来し方行く末をたやすく見通し、自身の生を監督するために必要な事物を準備する[*facile totius vitae cursum videt ad eamque degendam praeparat res necessarias*]。[*40]

理性から派生し、事物やほかの人間存在に向けられるこの配慮は「霊魂を励起し、その霊魂をより良く事物を統治できるように変える」［*exsuscitat etiam animos et maiores ad rem gerendam facit*］。*41　これが、オフィキウムにおいて問題となった、「生の使用にかたちを与える」［*usum vitae conformare*］ことと「生を監督する」［*vitam degere*］ことと「事物を統治する」［*rem gerere*］こと。これが、オフィキウムにおいて問題となった、「生を設ける」［*vitam instituere*］ことの意味である。もし人間が、動物のように自身の生を素朴に生きるだけでなく、その生を「監督」し「統治」するのだとすれば、オフィキウムは生を統治可能にするものであり、人間の生はオフィキウムをかいして創設および形成される。ところでこのあり方において決定的なことは、政治家と法学者の注意が、個々の行為の成就から総括としての「生の使用」へと移る点である。そこでオフィキウムは、「生の創設」のようなもの、および、社会における人間の現存そのものを定義する条件や身分《スタトゥス》（*status*）と、一体化しつつある。

この観点に立つからこそ、セネカは人間《フマヌム》のオフィキウム（*officium humanum*）について、すなわち、社会性《ソキアビリタス》（*sociabilitas*）に照らして似た存在とつながれるものとしての人間がかかわる任務について、語ることができる。

一方で、わたしは人間に掟を課すことができる。端的に言い換えるとすれば、人間の関係性にオフィキウムを課すことができるということである。あなたが有するすべての関係は、神と人間とのそれをふくめたとしても、ひとつしかない。わたしたちはひとつの大きな身体の一部をなしている。自然がわたしたちを生み出すとき、わたしたちは別の人びととつながれることになった。なぜなら自然はわたしたちを、同じものから同じところへと作り出したからである。自然はわたしたちのなかに相互の親愛を生じさせ、わたしたちがたがいに友愛を抱くよう仕向けた（*cum possim breviter illi formulam humani officii tradere: omne hoc, quod vides, quo divina atque humana conclusa sunt, unum est: membra sumus corporis magni. Natura nos cognatos dedit, cum ex isdem et in eadem gigneret. Haec nobis amorem indidit mutuum et sociabile fecit*）。*42

すなわち、オフィキウムは人間の条件そのものを構成するのであり、人間は、より大きな身体の一部（*membra ... corporis magni*）であるかぎりにおいて、オフィキウムの存在なのである。

ℵ　一九三四年、ストア派研究者の最高峰のひとりであったにちがいないマックス・ポーレンツは、一冊のモノグラフを刊行する。その副題は「キケロの『義務について』とパナイティオスの生の理想」である。しかし、出版時期にかんがみて示唆的に映るのは、書名として選ばれた『古代の総統位』だろう。ポーレンツによると、キケロの著作の究極的な意義は、総統位（*Führertum*）にかんする理論を、つまり、政治上の指導者を「全体性のもとで人びとに提供された奉仕」［*Dienst am Volksganzen*］とみなす理論を補強することにある。ポーレンツは以下のように述べる。「キケロはスキピオ兄弟の時代の理想にこだわっていた。指導者［*Führer*］を求めていた。みずからの人格にそなわる権威をかいして、古き良き時代と古代ローマの国家に清冽な生命を吹き込んでくれるような、あらたな大スキピオに恋い焦がれていた。［…］自由な共同体（*libera res publica*）の時代において、政治に携わる人物が国を導きえたのは、ただ、人びとの愛と信頼をよりどころにすることによってであった。その時代は過ぎ去った。必要なのはあらたな指導者［*Führer*］である。たとえ古代の体制によってであったとしても、独裁権力をもって党派争いに終止符を打てるような人物である。キケロその人はというと、彼が認識していた政治的指導者の理想［*das Führerideal*］が、もはや当時の時勢にそぐわないことを分かっていた。これこそが『義務について』の悲劇的特徴である」[*43]。

当時のドイツにおける状況とのあきらかな符合を読みるにせよ、ここで重要なことは、ポーレンツが統治にかんする政治理論の領域にオフィキウムを位置づけるという事実である。オフィキウムは、レイトゥールギアとして、つまり、人びとへ提供された奉仕として解釈された、総統位にほかならない。

6 この点において、キケロが取った戦略はよりあきらかになる。つまりそれは、道徳と法のあいだに、オフィキウムの圏域を、みずからの生と他人の生を統治するという純粋な人間の能力が問題となるような圏域として定義することである。すくなくとも部分的には、中世と現代の倫理に及ぼしたその影響を説明するこの戦略の両義性が端を発するのは、その圏域の定義が、古代の倫理において中核をなした徳性の理論を、オフィキウムをふまえて読み直すことで導かれたという事実である。それというのも、ことの始まりから、キケロは誠実さ《ホネストゥム》（*honestum*）に四つの場《ロキ》（*loci*）を定めつつ、それぞれの場にオフィキウムのたしかなジャンルが生まれる（*certa officiorum genera nascuntur*）ことを主張するのである。[*44] しかしそれらのオフィキウムはのちに、議論の進行とともに、それぞれが対応する徳性と縒り合わされていく。この縒り合わせがあまりにも緊密なために、徳性とオフィキウムを区別することはもはや不可能である。じつのところ、この意味において『義務について』は徳性の書にほかならない。たとえば、第一巻は、正義、扶助、雅量、節制にかんする分析を柱に構成されているが、それだけではない。つづく二巻と三巻では、前段の内容と一般的な徳性の定義をふまえた、鷹揚と忠実にかんする分析に大きな紙面が割かれているのである。[*45] もしオフィキウムが、人びとの生を統治可能なものにするのであれば、徳性とは、この統治を実行可能にする装置といえる。徳性としての任務、および、任務としての徳性をめぐる『義務について』の議論は、キケロの著作が西洋キリスト教世界に伝えたもののなかで、もっとも両義的な遺産なのである。

7　それから三世紀ののちに、祭司の倫理にかんする論考の執筆準備をしていたアンブロジウスが、著作の書名のみならず構成と主題までをもキケロの作品に依拠すると決めたことは、たしかに驚くべき事実かもしれない。実際のところ、アンブロジウスのテクストは、徹頭徹尾、手本とした異教的作品に対して執拗な平行関係を維持して構成されている。ここでアンブロジウスは、先行テクストから取った距離を誇示しようとしているものの、現実の距離はさほど大きくない。

詩編三八章の「わたしは言った。わたしの道を守ろう、舌で過ちを犯さぬように」（*dixi custodiam vias meas, ut non delinquam in lingua mea*）という一節にかんする緻密な解釈に沿って整理されているのは、沈黙をめぐる長大なアンブロジウスの緒言である。この緒言が、ただ以下を納得させることのみに奉仕する点は、あまりにも明白といえる。つまり、この著書の構成にかんする着想は、聖書のこの一節にて問題となる静かなる忍耐（*silendi patientia*）と語られる機会（*opportunitas loquendi*）をめぐって観想していた際に、偶然到来したということである。「さて、わたしがこの詩編の一節についてよくよく考えていると、オフィキウムについて書いてみようという気になった（*successit animo de officiis scribere*）」。さらに翻って考えるとすれば、アンブロジウスのような裁判所や役所を経て祭司職に就いた者（*raptus de tribunalibus atque administrationis infulis ad sacerdotium*）にこそ親しみ深いものであったキケロの書簡は、今回の着想源ではないと言いたかったのだろう。[*46] ただ実際のところ、そこにはパナイティオスやキケロに直接倣うような言及や、ちょうどキケロが自身の子どもと向き合っていたように彼の「福音の息子たち」と向き合う意図がある。

キケロは自分の息子を教え諭すために執筆した。それとおなじように、わたしもまたあなたたちを作り上げるために書いている。わたしの息子たちに、[…] 福音のもとでわたしがさずかったあなたたちに（*sicut Tullius ad erudiendum filium, ita ego quoque ad vos informandos filios meos ... quos in evangelio genui*）。[*47]

これらの言及や意図は、疑いをはさむ余地なく、アンブロジウスの戦略を示している。それは、オフィキウムの概念を、哲学という世俗の圏域から教会というキリスト教の圏域へ移し替えることである。この目的のもと、アンブロジウスはとある起源にかんするエピソードを挿入する。それによると、この著書の構成は聖霊の導きに由来するとされる。

まさに今日、わたしが聖書を読んでいると、聖霊が、あたかもこの主題について書くよう［*quasi adhortaretur ad scribendum*］わたしに勧めるがごとく、その一節にわたしの眼差しをとどまらせた。このことが、わたしたちにかかわるオフィキウムについてもまた語りうるのだということを、保証するのである［*qua confirmaremur etiam in nobis officium dici posse*］。[*48]

ここで問題となる一節が、ラテン語版の「ルカによる福音書」一章二三節であることは、ただの偶然ではない。「ついに、そのつとめの日数が満ちて、おのが家へ帰りしに（*ut impleti sunt dies officii eius*）」という祭司ザカリアの権能をふまえたこのくだりは、すでにわたしたちが確認したように、聖書全文のなかでレイトゥールギア（*leitourgia*）という用語が登場する二箇所のうちのひとつなのである。アンブロジウスは以下のように締めくくる。「それゆえわたしたちが聖書から読みとるのは、わたしたちがオフィキウムについて語りうるということである」。聖霊のお告げを経ることで、この「しうる《ポッシャーモ》」は「しなければならない《ドッビアーモ》」のようにも響く。

アンブロジウスがすぐさま付け加えるのは、聖書だけではなく、キリスト教徒がオフィキウムという用語を使いうる根拠である。真実であれば根拠たりうるそのドナトゥスによる説とは、オフィキウムはエフィーケレから派生した（*quandoquidem officium ab efficiendo dictum*）という語源である。この語源はその後、イシドールスからシカルドゥスならびにドゥランドゥスにいたるキリスト教著作家たちのあいだで、おおいにもてはやされることになる。彼らはこの語源を持ち出すさいに、以下のような同語反復的もしくは同根語的な定型文を重ねている。クイア・ウヌスクイスクエ・デーベット・エフィーケレ・スウム・オフィキウム（*quia unusquisque debet efficere suum officium*）。この意味は「誰しもみずからの義務をはたさなければならない」ではなく、むしろ「誰しもみずからの社会的条件を有効にしなければならない」となる。

アンブロジウスの戦略において本質をなす三つの点は、そもそもの発端から、あたかもそれ以外にはありえなかったかのように設定されている。

（一）オフィキウムという概念を、教会のなかに移し替えてキリスト教化すること。
（二）オフィキウムという概念は、カテーコンだけでなくレイトゥールギアも置き換えること。
（三）オフィキウムという概念によって、アンブロジウスがキリスト教の秘儀に固有の要素であると看破する、あの有為性の圏域を参照させること。*49

8 研究者はキケロの『義務について』の特徴として、系統立っていない点や「即興的な」点を指摘してきた。*50 その特徴を精確になぞるかのように、この古典を模範としたアンブロジウスの著作も、現代の読者の目にはつじつまが合わず、繰り返しも多く、なによりも独創性に欠けるものとして映る。ただ実際のところ、繰り返されるキケロのテクストからの逐語的引き写しや独創性の欠如も、教会へのオフィキウムという概念の導入というアンブロジウスがみずからに課した目的に完全にかなっていることを理解するなら、さほど意外とは思われない。世俗の事例をその都度聖書から引用されたたとえ話へ置き換えることができたのは、アンブロジウスがキケロの議論を的確にたどることができたからである。ギリシャ史やローマ史における数々の事件は、いまや、ヘブライ人の歴史における出来事と対応する。この議論において、マルクス・アウレリウス・レグルス、マルクス・ポルキウス・カト、グナエウス・ポンペイウス、スキピオ・アフリカヌス、ピリッポス二世、そしてティベリウス・グラックスの座は、アブラハム、ダヴィデ、ソロモン、そしてヤコブが占めるのである。

　聖書のたとえ話が担保する役割を負う、オフィキウムと徳性の縒り合わせもまた、同様に緊密である。誠実さ《ホネストゥム》の四つの場をふまえるキケロは、オフィキウムと徳性にそれぞれ同数の四つのジャンルを定めた。アンブロジウスも同様に、思慮《プルデンティア》（*prudentia*）、正義《ユスティア》（*iustia*）、勇気《フォルティトゥード》（*fortitudo*）、節制《テンペランティア》（*temperantia*）というキケロの明細を律儀に引き継ぎつつ、「これら四つの徳性から任務のジャンルが生じる」［*ab his quattuor virtutibus nascuntur officiorum genera*］と主張する。事例の素朴な置き換えをとおして、このように異教のオフィキウムはキリスト教のオフィキウムに変わり、ストア派の徳性はキリスト教の徳性に変わり、古代ローマの元老院や司法官の威厳はキリストの代務者の威厳や謙遜《ウェレクンディア》（*verecundia*）に変わる。

　キケロのような散文の名手とアンブロジウスのような鋭敏な説教師が、最近のイタリア語版編者からの「とりとめの無い作文」や「内なる一貫性の欠如」といった評価にあたかも甘んじているように見える理由も、いまなら理解できるだろう。[*51] この二冊の書物の意義は、ラテン語の修辞学において二本の柱をなす考案《インウェンティオ》（*inventio*）や配列《ディスポジティオ》（*dispositio*）にあるわけではない。この二冊のいずれにおいても、賭け金は本質的に用語と政治にかかわっている。すなわち、一方のキケロにおける賭け金は、ギリシャ語からの翻訳にかこつけて、本来は政治や道徳に無関係な概念を、それらに紛れ込ませて専門化することである。他方、アンブロジウスにおける賭け金は、キケロのオフィキウムを教会へ精確に移し替えることをとおして、祭司の実践を打ち立てることである。しかし、往々にして起こるように、用語上の変換、もしくは、存在論における変化は、物質的な変換としても同様に効力をそなえた革新的なものになりうる。徳性がオフィキウムという法衣をまとい仮面をかぶることによって、徳性のみならず倫理と政治の枠組み全体もまた、ひとつの転位をこうむる。わたしたちはあらためて、この転位の余波を測らなければならない。

9　キケロにせよアンブロジウスにせよ、任務を定義することはしない。一方でキケロは、自身の著作の緒言において、問題にかんするあらゆる議論はなにがオフィキウムか（*quid sit officium*）を定義することから始められるべきだと主張する。それにもかかわらず、彼はオフィキウムを定義することなく、オフィキウムをめぐる議論を二重の切断に即して分節する。他方でアンブロジウスは、例示を優先するために、定義付けを放棄することをはっきり宣言する。定義をひとつも持たなかったアンブロジウスは、キケロがほのめかした語源を省察する必要にかられる。おそらくその語源は、有益な示唆を含む。わたしたちも確認したように、エフィーケレから派生したとするドナトゥスによる説から出発しつつも、アンブロジウスはいっぷう変わった説明にたどり着く。

　オフィキウムという言葉は、エフィーケレから派生したもので、エフィキウムと同じだと信じられている。良い響きを優先するために、文字がひとつ、変更されたのである（*officium ab efficiendo dictum putamus, quasi* efficium: *sed propter decorem sermonis una immutata littera*）。[*52]

このように、架空の言葉エフィキウム（*efficium*）にかんする寓話をとおして、オフィキウムがなかば強引に結び付けられるのが、エフェクトゥス（*effectus*）および実効性の圏域である。エフィーケレとはなにかを実現すること《アリクイド・アド・エフェクトゥム・アドゥーケレ》（*aliquid ad effectum adducere*）を意味する。すなわちここで、オフィキウムは作用すること《オペラーリ》（*operari*）のわざ《オプス》（*opus*）から定義されるのではなく、実現すること《エフィーケレ》の成就《エフィキウム》から定義されている。したがって、オフィキウムとはそのまま、実効性の謂いにほかならない。

ディーツィンガーは、典礼にかかわるテクストがオフィキウムとエフェクトゥスのあいだに措定する緊密な相関関係に光を当てた。広義のオフィキウムである典礼のはたらきは、別個でありながらも同時に不可分であるような、ふたつの要素の合算から生じている。第一の要素は、狭義のオフィキウムである祭司の代務《ミニステリウム》であり、これはたんなる道具的原因として作動する。第二の要素は、エフェクトゥス、つまり神の介入であり、これは祭司の代務を実現し、実効的にする。古代の典礼書や『ローマ・ミサ典礼書』から抜粋された一連のテクストは、この相関関係をあたかも強迫観念に衝き動かされるように提示する。

わたしたちは弱々しいオフィキウムを献げるのですが、それはむしろ、あなたの徳性を成就します。〔…〕わたしたちのオフィキウムによって実現されたものが、あなたの祝福を成就します。〔…〕わたしたちの代務の卑しさは、あなたの徳性の実現において、完了されるべきです。〔…〕オフィキウムへの献身のもとに、あなた自身の聖なる圏域の効果のもとに（*id quod fragili supplemus officio, tuo potius perficiatur effectu...ut quod nostro ministratur officio, tua benedictione potius impleatur...quod humilitatis nostrae gerendum est ministerio, virtutis tuae compleatur effectus...ad piae devotionis officium et ad tuae sanctificationi effectu*）。*53

この相関関係が緊密であること、そして、この相関関係がいみじくも二位一体として理解されるべきことは、不適格な司教の位階剥奪にかんするもっとも古い規則集を参照するなら、疑いを差しはさむ余地なくあきらかである。

霊の祝福と神の恩寵にかけて、それがわたしたちの内にあるかぎりにおいて、われわれはそなたから剥奪する。そなたは供犠、祝福、オフィキウム、エフェクトゥスをうしなう（*Sic spiritualis benedictionis et delibationis mysticae gratiae, quantum in nobis est, te privamus, ut perdas sacrificandi et benedicendi et officium et effectum*）。*54

オフィキウムとエフェクトゥスは異なるものであり、それでもなお、分割不可能なありかたで結ばれる。その結果この二位一体は、典礼のはたらきの実効性を構成し、そのとき、くだんの司教はこのはたらきから淘汰される。

10 ここで考察されるべきは、一連の事例から浮かび上がる逆説的かつ循環的な構造であり、この構造が人間のはたらきや倫理の観念になりうるという含意である。人間のはたらきはふたつの要素に分割される。第一の要素は、狭義のオフィキウムであるところの代務《ミニステリウム》である。これはたんに祭司の道具的な存在とはたらきを意味し、「弱々しいオフィキウム［…］わたしたちの代務の卑しさ」（*fragili officio...humilitatis nostrae ministerio*）というように、慎ましさや不完全さに類する用語で表わされる。第二の要素は、第一の要素を実現し、完全にするものであり、神の本質にかかわっている。しかしこの要素は、第一の要素にいわば内接し、包含される。その結果、祭司的権能の適正な履行は、必然的かつ自動的に、エフェクトゥスの実現をともなう。ここであらためて認識されるのは、のちにスコラ学者が典礼の秘儀を定義するにあたって参照する、為すところのわざ《オプス・オペランティス》（*opus operantis*）と為されたわざ《オプス・オペラトゥム》（*opus operatum*）の二重性である。

　神のエフェクトゥスは人間の代務によって確定され、人間の代務は神のエフェクトゥスによって確定される。この実効的一致は、オフィキウムとエフィキウムの一致である。しかし、この一致は以下を意味する。つまり、オフィキウムは存在と実践のあいだに循環的関係を確立する。この関係にのっとって、祭司の存在はみずからの実践を定義し、他方、祭司の実践はみずからの存在を定義する。オフィキウムのもと、存在論と実践は決定不能になる。したがって、祭司は在るものとして在らねばならず、同時に、在らねばならないものとして在るのである。

　ここにおいて、アンブロジウスの戦略における賭け金は明快となる。それは、古代倫理の原理を乗り越えつつ、しかしそれとの連続性も維持しながら、ひとつの概念を特徴づけることであり、この概念をかいして、祭司のはたらきと教会のはたらきを総合的に思料し、定義することである。

原始教会の問題が、霊的威厳もしくはカリスマの所有と、法的‐官僚的権能の遂行とを調停すること、および、神の秘儀《ミステリウム》（*mysterium*）の祝福と、人間の代務《ミニステリウム》（*ministerium*）の履行とを調停することにあったのだとすれば、以下のことが言える。つまりイシドールスに依拠したドゥランドゥスの定型句（*proprius vel congruus actus uniuscuiusque personae secundum mores et leges civitatis vel instituta professionis*）によれば「状況に即した義務」を意味することはあっても、絶対的な倫理原則を意味することはしなかったキケロのオフィキウムという概念は、ふたつの様相を可能なかぎり一致させるように、ひとつの一貫した規範を提供してきたのである。[*55]

わたしたちが確認したように、その結果として残されるのは倫理の逆説的なパラダイムにほかならない。このパラダイムにおいて、主体とはたらきの結び目はちぎれ、同時に、異なる次元に再構成される。つまりはたらくということは、縮減不可能な実効性のもとに、あますところなく成立する。しかし実際のところ、はたらくことの効果は、はたらきを実現する主体に帰すことができないのである。

11　『ラテン語論』の一節において、ウァロは人間がはたらくことを三つの様態に分類する。「似通っているために、それを単一のなにかであると信じる者から、あやまって混同されている」のは、作動《アゲレ》（*agere*）、制作《ファケレ》（*facere*）、担当《ゲレレ》（*gerere*）である。

実際、なにかを作る［*facere*］ことはできても、それをはたらかせる［*agere*］ことはできない者がいる。たとえば詩人は、戯曲を作ることはできても、それをはたらかせることはできない。ここで作動《アゲレ》（*agere*）は「上演」も意味している。

それとは反対に、役者は戯曲をはたらかせるが、それを作りはしない。したがって、戯曲は詩人によって作られるが、はたらかせられはしない。戯曲は役者によってはたらかせられるが、作られはしない。それに対して、皇帝《インペラートル》（*imperator*）の場合はどうだろうか。皇帝とは、至上の権力を与えられた行政官である。

皇帝に対しては、担うもの《レス・ゲレレ》（*res gerere*）という表現が使われる。彼は作るのでもなければはたらかせるわけでもなく、ただ、担う《ゲリット》（*gerit*）からである。つまり、負って、支える［*sustinet*］のである。この用語は、荷物を担ぐ（*onera gerunt*）者たちに由来する。彼らはそれを支えるからである。[*56]

近年の研究によれば、制作《ファケレ》と作動《アゲレ》を区別する端緒は、アリストテレスに見いだされる。彼は『ニコマコス倫理学』の名高い一節において、このふたつを対置する。

　ふるまうこと［*praxis*］のジャンルと作ること［*poiesis*］のジャンルは異なる。［…］制作の目的は、実際、制作それ自体とは別のものである。他方、実践の目的はそれと別とは言えないだろう。善くふるまう［*eupraxia*］ことは、それ自体が目的なのである。*57

これに対して、人間のはたらきにかんする三番目の区分が、あらたに、かつ、いかにもローマ風に識別される。それが担当《ゲレレ》である。

本来は「運ぶこと」を表わしていた担当《ゲレレ》は、政治的-法的な用例において「運営する、統治する、職務を完了する」（*rem publicam gerere, gerere magistratum, honores, imperium*）ことを意味する。同様の意味論的変化をふまえて、支持《ススティネレ》（*sustinere*）という動詞も「職務を負う」（*munus sustinere in re publica*）という政治的意味を獲得する。アリストテレスにおいて、政治的はたらきのパラダイムが実践であるのに対して、つまるところ担当《ゲレレ》が指し示すのは、統治という公的権能を付与された者の活動という、きわめてローマ的な概念である。皇帝権《インペリウム》を付与された行政官である皇帝《インペラートル》は、ふるまうわけでもなければ、作るわけでもない。皇帝《インペラートル》のはたらきは、たとえば作ることのように仕事という外部の結果によって定義されるわけでもなければ、それ自体に目的をはらむわけでもない。皇帝のはたらきは、みずからの運用それ自体をとおして、つまり、権能もしくは任務を担って果たすことをとおして定義される。この意味において、行政官はみずからのはたらきを「負って、支える」（*sustinet*）のだとも、ウァロはいう。ムヌス（*munus*）と行使のあいだに、代務《ミニステリウム》とエフェクトゥスのあいだに、実効的循環を認めるのなら、ここではたらきは権能に効果を発揮させることと一致する。権能の実効化こそ、はたらきそれ自体を定義するのである。この意味において、担当《ゲレレ》はオフィキウムのパラダイムにほかならない。

ℵ　ここで引用した文章について、『ラテン語論』のもっとも信頼性の高い写本には、オネラ・ゲルント（*onera gerunt*）ではなく、ホネラ・ゲルント（*honera gerunt*）と記されている。[*58] たとえば荷物（*onera*）について、支持《ススティネレ》するということはできるが、担当《ゲレレ》するということはできない。この用語の一般的な表現は、特権を担当する《ゲレレ・ホノレス》（*gerere honores*）である。写本を書き写した九世紀の写字生は、特権《ホノレス》（*honores*）に対応する担当《ゲレレ》の古典期の意味を認識しておらず、この特権《ホノレス》の代わりに荷物《オネラ》というよりありきたりな用語をあてたものの、語頭のhを消し忘れたようである。荷物《オネラ》を特権《ホノレス》に訂正すると、この節のとおりが良くなる。「この用語は、公的権能を担う者たちに由来する。彼らはそれを負って支えるからである」。たしかにこちらのほうがわかりやすい。

12

任務の性質とそれを担当《ゲレレ》することの性質は、それを命令の圏域、つまり、皇帝《インペラートル》に固有な行為の圏域に関連づけることで、はっきりと解明される。

命令のきわめて特徴的な性質について、よく考えてみたい。命令する者について、ウァロが「作ることもはたらかせることもせず」ただ負って支える者と表わすことができたように、命令は厳密にいうと行為ではない。しかし、命令が意味を持つとすれば、それは命令が対象を得ることと、命令が他者のはたらきをみずから帯びることによってである。このとき、その他者は服従の義務、すなわち、命令を遂行する義務のもとにあるとされる。この意味において、たとえば正しくあれ《ユス・エスト》（*ius esto*）、買い手になれ《エンプトル・エスト》（*emptor esto*）、犠牲をささげよ《パクルム・ダト》（*piaculum dato*）、呪われてあれ《サケル・エスト》（*sacer esto*）、内臓を供えよ《エクスタ・ポリキウント》（*exta porriciunto*）、親殺したれ《パリキダス・エスト》（*paricidas esto*）といった命令法は、マグダリンが知らしめたように、まさしく法とかかわる動詞の態と定義される。*59 なぜなら、規範を定めることは、その外部にある個人のふるまいやはたらきをつねに対象とするからであり、さもなければそれ自体は空虚でしかないからである。しかし、まさにこのために、命令法の意義を意味論的観点から定義するのは容易ではない。インド・ヨーロッパ語族において、命令法は動詞の語幹と形態上一致する。実際のところ、「彼は歩く《エッリ・カンミナ》」という事実確認の次元と、おなじはたらきが成就される「歩け！《カンミナ》」という行為遂行の次元とのあいだに、なんら本質的な差異はない。しかしながら、命令を遂行することによって成就されるはたらきの目的は、たんにその行為の性質から生じるものだけではなく、むしろ、たとえそう強いられているだけだとしても、命令の遂行それ自体にもある。このために、少なくとも第二次世界大戦に引き続いて実施されたあの裁判までは、命令を遂行した者はその行為の結果に責任を持つべきではないとみなされていたのである。

ここにおいて、命令の存在論と、わたしたちがこれまで定義を試みてきた任務の存在論が近接するのを見て取ることができる。命令を遂行する者にせよ、典礼的行為を成就する者にせよ、いずれもただ単純に在るわけでもなければ、ただ単純にはたらくわけでもない。彼らは、そのふるまいから存在を規定されるのであり、その存在からふるまいを規定される。司宰者とおなじく官吏もまた、そう為すべきように在り、そう在るように為すべきである。現代の倫理だけでなくその存在論と政治をも定義する、存在から当為への変換がみずからのパラダイムを据えるのは、ここにほかならない。

ℵ　オフィキウムに固有の構造は、任務を対象的問題の事例とみなす立場と、任務を主体的問題の事例とみなす立場のあいだで交わされる、教会法学領域の議論において考察される。前者の立場では、代務《ミニステリウム》、威厳《ディグニタス》（*dignitas*）、名誉《ホノル》（*honor*）など制度上の現実としての任務は、対象的要素としてのなにかであり、ふるまいにかかわる規範的枠組みによって定義され、経済上の利益である恩恵《ベネフィキウム》（*beneficium*）や称号《ティトゥルス》（*titulus*）として具体化される。それに対して後者の立場では、任務とは本質的に奉仕《ムヌス》であり、権能を行使する主体によって練り上げられる活動である。[*60]

しかしながら、議論の焦点となる用語について注意深く考察しさえすれば、実際に問題となっているのは、単一の現象が見せるふたつの様相であることがわかる。たしかに教会法学の伝統は、従事する主体という要素により重きを置くことを強調するように見える。「オフィキウムはまず威厳をとおしてというよりも、従事をとおしてささげられる」（*officium datur principaliter non propter dignitatem, sed propter exercitium*）。[*61] しかし、ひとつの体系のなかで、交互に基礎づけては定義しあうふたつの要素は、そこにふたつの極を構成する。用語上の変化を越えて、一連のテクストがオフィキウムの主体的要素と対象的要素のあいだに築いたきわめて緊密な相関関係から生じた結果がこれである。パノルミタヌスによると、高位聖職はひとつの職務であるために、それは名誉のもとにではなくそれがともなう奉仕のもとに授けられる。「それは名誉によって授けられるのではなく、奉仕によって授けられる」（*non datur propter honorem, sed porpter onus*）。[*62] しかし、まさにこのために、名誉は高位聖職にもとづくことになる。「その結果、高位聖職は名誉を帯びる」（*in consequentia praelato debetur honor*）。[*63] 叙品の式次第を定めた教皇教令に含まれる、塗油式（*de sacra unectione*）の執行規定には、以下のように記されている。「頭には、権限と威厳にかんがみて塗油されなければならず、手には、代務とオフィキウムにかんがみて塗油されなければならない」(*caput iungitur propter auctoritatem et dignitatem, et manus propter ministerium et officium*)。*[64]

近代の教会法学者は、先のふたつの立場を調停するために、「主体的状況」もしくは「〈義務能力〉」としての任務を考案する。この任務は、なにかしらの主体を経由しつつ、職務もしくは権能の徳性によって、ある種の行為を成就することの正当性およびそれに付随する義務を設定するだろう。ただその際に彼らは、わたしたちが典礼的実践を定義するものとして確認したあの循環に、あらためて囚われるほかないのである。

ℵ　ここにおいて、秘跡のはたらきを説明する際にトマスが依拠した、道具的原因という概念との関連が理解される。トマスの定義によれば、道具のように秘跡がはたらくのだとすれば、それは第一動因によって動かされる場合にかぎる。それはちょうど、代務のはたらきによる効能が、代務者の人格から派生するのではなく、その代務者がはたす権能と任務から派生することに符合する。この意味において、ウァロに倣うとすれば、代務者ははたらくのではなく、その権能に織り込まれたはたらきを負って「支える」のである。

この観点に立つなら、任務の概念と固く結ばれているように見える「権能」という概念について考察することは興味深い。この概念にかかわる表現として「オフィキウムの役目《オフィーキオ・フンギ》を務める」(*officio* *fungi*)、奉仕のもとに領事の役目を務める《ムネーレ、コンスラートゥ・フンギ》（*munere, consulatu fungi*）」などがある。当然ながら、ここでは以下のように指摘される。「役目を務めることが意味するのは、個人であると共同体であるとにかかわらず、あたかも他者として、なにかしらの他我《アルター・エゴ》（*alter ego*）として、はたらくことである。権能を持つということが意味するのは、他者が負うような行為をなしとげる資格を有し、動因に対する責任を帯びるということにとどまらない。それはあたかも、その他者として公然かつ明白にはたらくことである」[*65]。「権能」という用語は、任務を構成する代理性の謂いである。ここにあるのは、トマスが提示した道具的原因のパラダイム、つまり、神が祭司的権能を行使する者をかいしてはたらくというパラダイムとの、あきらかな相似にほかならない。

閾

祭司的実践のパラダイムとしてのオフィキウムが、西洋の存在論におよぼしたおそらくもっとも決定的な影響は、存在を当為に変換したことと、それにともなって、根本的概念としての義務を倫理に導入したことである。

オフィキウムを定義するものとしてわたしたちが確認した、あのきわだった循環について考察しなければならない。祭司は、祭司であるかぎりにおいて、その任務を成就する。また、祭司は、その任務を成就するかぎりにおいて、祭司である。その存在はそのはたらきを規定する。しかし、そのはたらきはその存在を余すところなく定義する。「当為」が意味するのは、このことをおいてほかにない。祭司とは、その存在がそのまま課題と奉仕であるような、すなわち、ひとつの典礼であるような実在の謂いである。

存在論と実践、および、存在と当為が、無関心という茫漠たる閾に入るのは、この祭司的職能の非実体性においてである。この非実体性は、アウグスティヌス以降、祭司にかんする叙階の裁可という、ぬぐい去れない焼き印のような教理に裏打ちされている。叙階における実体的内容を同定することは完全に不可能であるという事実が示すように、この焼き印が表わすのは典礼的実効性の零度でしかない。この零度はまた、祭司の聖職が停止処分になる瞬間においてもあきらかになる。このことが意味するのは、焼き印がそのゼロであるところの祭司とは、現実の称号などではなく、ひとつの純粋なしるしだということである。そしてそのしるしは、ただ、存在上の実効性を組み上げる、余剰のみを指し示す。

したがって、そのしるしが焼き印を押して組み上げる主体も、潜在的に空疎なものにならざるをえない。この主体は為すところのものとして在らねばならず、同時に、在るところのものとして為さねばならない。それゆえ典礼的行為の主体は、実際にはその主体ではない。たとえば神学の次元において表わすとすれば、この主体のはたらきは他者であるところのキリストによって、為されたわざ《オプス・オペラトゥム》として、作動するということになる。現実には、行為の義務を負うと信じる者は誰であれ、在るというより、在らねばならないとこいねがう。すなわち、みずからが典礼のもとで全面的に解体されることを希求する。ここには、典礼としてのはたらき、および、存在と実践のあいだの、存在と当為のあいだの循環する関係としてのはたらきがある。これこそ近代が、多かれ少なかれ自覚的に、しかし、いっさいの留保を抜きにして受けいれた、不穏な遺産なのである。この遺産は、現代がその倫理と政治の核として義務と任務を据えた瞬間から、綿々と受け継がれている。ではここでわたしたちの探求は、存在から当為への変換に、そして、この変換がはらむことになる命令と任務の存在論的近接に向けられなければならない。

4 ふたつの存在論、あるいは、いかに義務は倫理になったのか

1

『道徳の系譜』の頁を繰る者は、奇妙な欠落に気づかずにはいられない。ニーチェが同書の章を分けた三つの論文は、以下にかんする系譜学的批評をそれぞれ扱っている。すなわち、「善／悪、よい／わるい」の二項対立について、罪とやましい心について、そして、禁欲主義についての批評である。しかし、すくなくともカント以後にかぎるとすれば同書が欠いているのは、現代倫理のおそらく根本的概念といえる、義務にかんする系譜学的研究である。たしかに義務の概念は、負債の概念および債権者－債務者の関係がふまえられた、罪にかんする第二論文において想起されはする。罪を表わすドイツ語のシュルト（*Schuld*）は「負債」も意味するのである。しかしそこでニーチェは、罪の意識ややましい心、良心の呵責が絡まる結び目をほどくことに集中する。当然のことながら、ニーチェに取りこぼされるだけであったはずがない義務という

概念の重要性は、この著作の草稿に添えられたテクストの断片が証明する。それを紐解いてみると、たとえば以下のようにも記されている。

なすべき！　これが問題だ。みずからに根拠を与えそこなう点においては、性的衝動にも比せられるこの性向は、本能にかんする誹謗のまえに失墜することはない。むしろそれとは逆に、この傾向はその点においてこそ、価値や審判の審級にもなりうるだろう。[*1]

ところが、この注釈や類似するほかの記述が見られるにもかかわらず、義務にかんする第四論文は『道徳の系譜』に収録されなかった。往々にして、なにかを排除することには大義名分が立つものであり、その伝でいけば今回のケースは完全に自覚的な措置であった。実際のところ、いみじくもニーチェの師にあたるショーペンハウアーは、一八四〇年の著作『道徳の基礎について』のひとつの章を、義務の系譜学にあてていた。「カント倫理学の命令的形式について」と題されたその章には、以下のように記されている。

倫理学を命令的形式において義務［*Pflicht*］の教理としてとらえる見解、さらに人間のはたらきの道徳的価値もしくは無価値を義務の履行もしくは不履行として考える思考は、まさしく責務〔*Sollen*〕とおなじく、あきらかに神学的道徳に、すなわち、モーセの十戒にのみ由来する。*2

ショーペンハウアーによれば、懲罰もしくは報酬を勘案してはじめて意味をなし、それらから切り離しえない神学的命令は、カントによってひそやかに哲学のなかに移し替えられた。そこでこの命令は「絶対的もしくは定言的義務」という形容矛盾をきたすことになった。この意味において、「ひそやかな神学的必要条件」に、さらにいうなら「神学的道徳」（*Moraltheologie*）に依拠するのがカントの道徳である。したがって、これは、「原理ないし前提でなければならなかったはずの神学を結果とし、〔…〕その反対に、結果としてみちびきだされねばならなかった戒律を前提とする」ものだったということができる。*3

その神学的起源が突き止められたからこそ、ショーペンハウアーは、カント倫理学の根本的概念の仮面を剝ぐこと、もしくは控えめにいって、その概念の定義をあらたな光のもとで読み直すことができる。つまり義務という概念の定義は、「法にたいする敬意から生じるはたらきの必然性」〔*die Nothwendigleit einer Handlung, aus Achtung vor dem Gesetz*〕なのである。*4 ショーペンハウアーによると、「はたらきの必然性」という連辞は、「責務」（*soll*）というそれ自体が十戒の文言を想起させる言葉を「巧妙に隠蔽しつつも、いささかこじつけられた」書き換えであるというほかない。*5

結論としてこの定義にかんして以下のように述べられる。

「義務とは、法にたいする敬意から生じるはたらきの必然性である」という定義をすっきりした、率直な言葉で表わすとすれば、「義務とは、法にたいする服従［*aus Gehorsam*］のもとに行われなければならないはたらきを意味する」となるだろう。これが、ムク犬の正体である。*6

ショーペンハウアーに素描されたたしかに正しいこの系譜は、なにかから仮面が剥ぎ取られて、隠されたその起源が剥き出しになることで、そのなにかがいかに取るに足らないものになるかということを表わしている。実際のところ、カント倫理学をその神学的前提へと送り返すことが、とりわけ興味を引くであろうことにかんして大きく資するというわけではない。つまり、カント倫理学が生み出した実践的パラダイムの理解について、また、カント倫理学において問題となる人間のはたらきのきわだった特徴や構造について、あらたな知見が得られることはないのである。いみじくもフーコーが示唆したように、系譜をたどることは、「おおもとの素性にいたるために、あらゆる仮面を剝ぐ」ことを意味しない。*7 それに意味があるとすれば、ディテールとエピソードについて、戦略と戦術について、虚偽と真理について、回り道《ディトゥール》（*détours*）と大通りについて、実践と知識についての緻密な分析をとおして、ほとんど判然としない問題をありふれた問題に置き換える試みたりうる点である。わたしたちの興味を引くケースに引き寄せるなら、「人間のはたらきをオフィキウム（*officium*）として懐胎せしめた戦略における賭け金とはなにか?」、もしくは「典礼的行為、すなわち、オフィキウムという用語においてあますところなく定義されることになる行為の本質とはなにか?」といった問題を、「義務という観念の起源はなにか?」という問題へと置き換えるということである。

2　典礼の伝統において決定的なことは、はたらきのふたつの要素であるオフィキウムとエフェクトゥス（*effectus*）の関係が、能力〔潜勢力〕‐行為〔現勢力〕のモデルによって懐胎した点である。わたしたちが確認したとおり、もっとも古い翻訳においてギリシャ語のエネルゲイア（*energeia*）を表わすのは、エフェクトゥスである。しかしそれだけではなく、ミサや秘跡にかんする文書においても、祭司のはたらきのもとで神のエフェクトゥスは、かつてなにかしらの能力であったものを、都度、完成して成就する（*perficiatur, impleatur, compleatur...*）と記される。『ローマミサ典書』のテクストにおける、神への呼びかけは以下のとおりである。

ああ、とこしえの神よ、あなたは、みずからの秘跡の目に見えない力によって、みずからの効果を驚くべきかたちではたらかせるほど、まごうことなくすばらしいのです（*vere dignum* ...

aeterne Deus, qui invisibili potentia tuorum sacramentorum mirabiliter operaris effectum）。[*8]

しかし、ここでもまた、エネルゲイアから実効性へのパラダイムシフトは、ゆるがせにできないあらたな条件をはらんでいる。たとえばアリストテレスにおいて、デュナミス（*dynamis*）とエネルゲイアはふたつの存在論上のカテゴリーであり、「存在と言われるふたつの様態」である。それらは現前の異なるふたつの様態のようなものとして規定される。それに対してとりわけいま問題となっているのは、実践の規約であり、祭司のある種の権能であるムヌス（*munus*）もしくはミニステリウム（*ministerium*）と、それらが実効的になるエフェクトゥスとの関係なのである。

考察しなければならないのは、アリストテレス的モデルとキリスト教的モデルのあいだの差異、さらにはそれらの相似となる。建築家にかんするアリストテレスのたとえでは、デュナミスとエネルゲイアは、〈建築家〉の現前にかんする同質でありつつも別個なふたつの様態である。[*9] それに対して祭司の場合では、オフィキウムとエフェクトゥム（*effectum*）は異質なふたつの要素であり、このふたつの並行励起が典礼的実践を定義する。ただいずれのケースにおいても重要なのは、能力から行為への、そして、ミニステリウムからエフェクトゥスへの移行を可能にするなにかについての問題である。アリストテレスの伝統においてこの移行を担保する要素は、ロクス（*locus*）と、ラテン語のハビトゥス（*habitus*）にあたるヘクシス（*hexis*）であり、これらの要素をとおして、くだんの問題は徳性の理論に引き受けられた。このことは、アンブロジウスとおなじくキケロにおいても、オフィキウムの分析に決着がつくのは徳性の議論のなかである理由を説明する。したがって、オフィキウムの考古学が照合されなければならないのは、アリストテレスの定立にあらためて注目した神学者たちが、ハビトゥスと徳性にかんする教理を分節する、その方法ということになる。

3

徳性にかんするアリストテレスの理論を理解するうえで、端緒となるのは『ニコマコス倫理学』の一節にちがいない。そこで徳性は「状態（*hexeis*）」と定義される。「まず、魂の内に生じるものとしては、情念［*pathē*］、能力［*dynameis*］、状態［*aretē*］がある。すなわち、徳性はこれら三つのなかのいずれかである[*10]」。このあとすぐに、徳性は状態の圏域へと組み入れられるが、それはたんなる消去法の結果であった。要するに、徳性が情念でなく能力でもないのだとすれば、「つまるところ徳性は状態にほかならない[*11]」。それゆえ、徳性はいわゆるヘクシスなのであり、「そのヘクシスにもとづいて［*af' hēs*］、人間は善いものになったり［*agathos gignetai*］、みずからのわざを良く為したり［*eu to heautou ergon apodōsei*］するのである[*12]」。

とある概念や理論を正しく解釈できるかどうかは、その問題の基礎的な理解にかかっている。この理解によってこそ、概念や理論は評価の対象となるだろう。しかし、しばしばそうであるように、今回の問題は倫理にかんする著作の内部にとどまるだけでは解き明かせない。この概念もしくは理論は、アリストテレスが『形而上学』第九巻で展開したヘクシスにかんする理論との比較を要請する。この第九巻の主題は、能力（*dynamis*）と行為（*energeia*）に分割される存在である。この存在論上の分割をふまえることによってのみ、アリストテレス倫理学はなぜ徳性の理論というかたちを、すなわち、状態（*hexis*）の理論というかたちを取らざるをえなかったのかが理解できる。実際のところ、もし存在が能力と行為に分割されるのであれば、その一方から他方への移行を可能にし、統制し、執行するなにかが必要になる。まず、能力は純然たる不定としてある。この能力のもとに、赤ん坊は字を書いたりフルートを鳴らしたりすることを知りうる。そこから能力は、有効な能力に移行する。ここでこの子どもはすでに字を書きフルートを鳴らすことができるからこそ、その能力を行為にすることができる。こうした能力の移行を定義して分節するそのなにかとは、ヘクシス、すなわち、能力の状態という要素にほかならない。ちなみにラテン語ヘクシス（*hexis*）は、「持つ」を意味するギリシャ語エホー（*echō*）に由来する。

アリストテレスが注意を払うのは、能力にかんするこの二番目の様態である。『魂について』においてアリストテレスは、知識や技術を行為として振るう者に即して、能力としての存在にかんするふたつの様態（*tropoi*）を措定する。*13

第一に、教養を身につけることや知ることができるという理由で、わたしたちは人間のことを総体的にかしこいということがあり、この意味において存在はかしこいという場合がある。第二に、文字の知見を持っている［*echonta*］者をまさしくかしこいということがあり、この意味において存在をかしこいという場合がある。いずれの場合も、たしかにそれらは能力がある。ただし、それらはおなじ様態にはない。第一の様態では、類および素材の性質［*to genos kai hē hylē*］に能力がある。第二の様態では、さまたげとなる外的障害さえなければ、それが望みさえすれば知識を行使できる［*hoti boulētheis dynatos theōrein*］という理由で能力がある。それらに対して、最後に、知識を行使する者がいる。この者は、行為としての存在となる［*entelecheiai ōn*］。

この者は目的のなかにみずからを所持する。

そのときこの者は、たとえば、それがAという文字であることを本来の意味において知っている。さて、最初のふたつの様態は、ともに、能力としてかしこい［*kata dynamin*］者である。しかしそのうち第一の様態は、学習をとおして、つまり、状態からそれの対極へと繰り返し移行することによって、変わるというものである。

したがって、アリストテレスによるなら、ヘクシスの対極とはステレーシス（*sterēsis*）すなわち欠如にほかならない。

それに対して第二の様態は、行為として行使されることのない感覚と文法を所持すること［*echein*］から、それらを行為として行使［*eis to energein*］することへ移行するというものである。

したがって状態とは、存在が、限定するなら人間という存在が、技術、知識、才能を能力として「持つ」というありかた、ひいてはその存在が、知ったりはたらいたりする能力を「持つ」というありかたのことである。状態とは、在ることから持つことへと移行する座標にほかならない。しかしまさにこの条件が、ヘクシスをアポリア的概念として構成する。実際のところ、状態にかんするアリストテレスの理論において本質をなすのは、この「所持」はその欠如（*sterēsis*）との構造的な関係のもとに維持される点である。『形而上学』では以下のように語られる。

そこであるものが力あるものだとすれば、ひとつにはなにかを持っているからであり、もしくはなにかを欠いている［*esterēsthai*］からである。しかしもし欠如［*sterēsis*］もなにかしらの状態なのだとすれば［…］あらゆるものは、ある種の状態や原理を持つために力あるものであり、ある種の状態や原理を欠くために力あるものである。仮に、欠くことを持つことができるとするなら、であるが。[*14]

アリストテレスによると、この欠如との関係、もしくは彼がまた言うところの、無能もしくは非－能力（*adynamia*）との関係が本質をなすとすれば、それは能力が行為への移行から独立して、この関係をかいしてのみ、そのようなものとして存在しうるからである。状態という概念の戦略的意味は、そこにおいて能力と行為が分割されつつ、なおも互いに関連しながらみずからを維持する点にある。状態とは欠如の状態でもあるからこそ、能力は、行為のなかで以降そのまま消えることもなく、滞留したり自制したりすることができる。このことをふまえて、能力－状態にかんする決定的な主張が告げられる。「あらゆる能力は、同一のことにかんして、同一のことに対して、無能である」［*tou autou kai kata to auto pasa dynamis adynamia*］。[*15] とある能力のヘクシスを持つということは、それを行使しえないことを意味する。『魂について』において、状態は睡眠にたとえられる。そこにおいて人間は、教養を所持するものの、教養を実行することはない。「覚醒は知識を行為にすることになぞらえられるのに対して、睡眠は知識を所持しつつも行使しないこと［*echein kai mē energein*］になぞらえられる」。[*16] なにかがヘクシスの主体として構成されるのは、ただ、それが使用されない可能性においてのみである。アリストテレスがメガラ派に対して口を酸っぱくして言うように、本当の意味で能力を持つ者は、それを行為に移すこととおなじように、移さないこともできる者にほかならない。[*17]

ℵ 引用した『形而上学』第九巻の一節を、ロス版では「あらゆる能力は無能のなかにある」(*pasa dynamis adynamiai*) としている。[*18] この表現は、さほど意味的に異なってはいないものの、あまりにも根源的な断定を前にした監修者が抱く困惑を、図らずも示している。もっとも信頼性の高い写本資料に加えて、アフロディシアスのアレクサンドロスによる註解も「あらゆる能力は無能である (*adynamia*)」という読みを採っていることは示唆的である。

ℵ 一九六六年九月のル・トールのセミネールにおいて、ハイデッガーは突拍子もなく出席者に質問した。「アリストテレスの根本的概念とはなにか?」誰ひとり答えなかったので、出席者のなかで一番の若輩がひかえめに、けれども恐れることなく言った。「キネーシス (*Kynēsis*)、運動です」。それが正解であると応じられた。じつはアリストテレスにとって、能力の理論と状態の理論は、存在に運動を導入する方法である。引用した『ニコマコス倫理学』の一節がそれを証明している。[*19] アリストテレスは「人間はよい」ではなく、「人間はよくなる」(*agathos gignetai*) と語った。ここで問題となるのは、存在から所持への移行のみならず、存在から作動への移行と作動から存在への移行にほかならない。アリストテレスがそのアポリアをとおして西洋世界の倫理にしるしづけたパラダイムにもとづくなら、有徳な者が有徳になるのであり、有徳になる者が有徳なのである。

4　状態の理論という文脈に位置づけるだけで、徳性にかんするアリストテレスの観念はその本来の意味を獲得する。ヘクシスの概念をかいして、アリストテレスは能力に実在と根拠を与え、能力と行為のきわだった関係にかんする考察への道を開いた。もはやどうあっても見境なく行為に移る能力、もしくは一般的なそれのように行為とはなんらかかわりを持たない能力は、行為に影響を及ぼしえなかった。しかしまさに、ヘクシスへの哲学上の市民権を担保し、欠如との関係を保証したことは、いまや、能力から行為への移行にかんする具体的考察を、問題含みのものに変えた。もし、状態がつねに欠如でもあり、能力はつねに行為へと移らないのだとすれば、誰が、そして、なにが、状態をこのような移行のもとに定めうるというのだろう?

能力と行為をめぐる関係に本質的な地位をあてがうのだとしても、また、ある意味では能力／行為の対立のかなたにヘクシスを位置づけるのだとしても、アリストテレスがなお倦むことなく繰り返すのは、素朴な状態に対するエルゴン（*ergon*）と行為の優位である。彼は『エウデモス倫理学』においてこう述べる。「このエルゴンこそが、万物の目的である。したがって、エルゴンが状態よりも優れていることはあきらかである」[20]。また『ニコマコス倫理学』において、ヘクシスを有しながらそれを使わない者の符丁として睡眠のイメージが回帰するものの、それははっきりと否定的な意味合いを帯びる。

もっともよいものを、所有に〔*en ktēsei*〕置くのか、使用に〔*en chrēsei*〕置くのか、つまり、状態に〔*en hexei*〕置くのか、行為に〔*en energeiai*〕置くのかには、小さくない齟齬がある。なぜなら、状態とは現にそなわっていても、なんらよいものを生み出さないことがあるからである。たとえば眠っている者やほかのなんらかの仕方でまったく不活性な者のように。けれども、エネルゲイアにはそうしたことはありえない。つまるところははたらくことになり、そして、よくはたらくだろうからである。[21]

徳性の理論は、状態の不活性をめぐる問題への応答であり、状態を欠如と非‐能力（*adynamia*）に結びつける本質的関係を、統制しうるものに変える試みである。アリストテレスが西洋の倫理に伝えた徳性論の欠陥とアポリアは、ここに端を発する。実際のところ、徳性（*aretē*）とは「なんらかの状態（*hexis tis*）」であり、それと同時に、状態が行為に移行することと、状態がよりよい仕方で作動することを、状態のもとで可能にするなにかである。[22] このため、アリストテレスに引用される徳性の定義は、ある意味で二重になっている。つまり徳性は、存在の次元とともに、はたらきの次元にも位置づけられる。

> 徳性は状態である。これにもとづいて、もしくはこれのおかげで（*af'hēs*）、人間はよくなり［*agathos gignetai*］、これにもとづいて、もしくはこれのおかげで人間はみずからのわざをよくなす［*eu to heautou ergon apodōsei*］のである。[*23]

アフィス（*af'hēs*）という語句の反復は、状態‐徳性にかんする二重の約款を強調する。つまり、「善くなる」という存在論的約款と、「みずからのわざを良くなす」という実践的約款である。どのような徳性である状態がこの成果を得ることができるのかについては、ほとんど説明されることはない。ただ唯一、状態を「習性」（*ethos*）へと変換する頻繁な行使には触れられる。スコラ学に強い影響を及ぼしたにちがいない『エウデモス倫理学』の一節には、徳性に満ちた状態を有為的にすることと習性の結び目がはっきりと示される。

ところで、習性［*ethos*］に由来することがその名からもわかる、生まれつきそなわることはない性格［*ēthos*］とは、教育をかいして、定まった仕方で何度も繰り返し動かされることで培われ、最終的に、有為的になる［*energētikon*］ことになじむ。ただしわたしたちは、このことを無生物に確認できない。なぜならあなたが石を、途方に暮れるほど繰り返し頭上に放り投げたとしても、力をもちいることなしに石が空高く舞い上がるようにはならないのだから。

はたらきと行為への移行にかんがみるなら、倫理的徳性と習性の結び目は、状態を統制しうるものへ変えることに寄与する。このことは、直後に示される道徳的性格の定義においてはっきりする。

それゆえ道徳的性格とは以下のようなものになる。つまり魂のうちで、命令の合理性にのっとって［*kata epiktatikon logon*］、その理にならうことのできる部分が帯びる性質のことなのである。[*24]

ℵ　アリストテレスは、能力－状態にもとづくはたらきを、行為に移行しない能力、もしくは、持っていても使われることはない（*echein kai mē energein*）能力、そして欠如との根源的な結び目を維持するものとみなす。まさにそのために、アリストテレスの倫理は、アポリア、すなわち「袋小路」にたどり着くほかない。移行をまちがいなく可能にする徳性の理論は、その本質において、動物行動学、つまり、習性-性格にかんする理論の範疇に収まるのである。なぜなら、徳性をかいしてはたらきを統制するためにアリストテレスが依拠したすべての要素、たとえば選択（*proairesis*）や意志（*boulēsis*）などは、あきらかに偶有性を帯びているからであり、さらに、能力に対して外部の主体を前提とするために、状態のうちに導かれるべき基盤をなにひとつ持たないからである。このためアリストテレスの徳性はいまや、状態の様式ともいうべき存在論的徳性、もしくは仕事やはたらきの性質といった様相を呈する。まさにその仕事が、はたらきや主体だけでなく、ヘクシスをも規定することになる。「ある事物のはたらきと、その徳性のはたらきは、おなじであるということにする。もっとも両者はまったくおなじというわけではない。たとえば、靴作りの技術のわざと、靴職人のはたらきのわざは、いずれも一足の靴である。それゆえ、靴作りの徳性とすぐれた靴職人が存在するとすれば、すぐれた靴とは両者のわざということになる[*25]」。おなじ理由にもとづいて、アリストテレスは「エルゴンはヘクシスに優る」と断言することができ、同時に、完全なる循環論法のもと、「よりよいヘクシスには、よりよいエルゴンがある[*26]」とも主張する。

つまるところ状態とは、なにかが主体性の理論として生じえたであろう、論理的空間の謂いである。メルヴィルのバートルビィ、すなわち、筆記能力を持ってはいてもそれを使うことができないと定義される人物は、アリストテレス倫理学をつらぬくアポリアの完全なる符丁にほかならない。

5　アリストテレス倫理学というアポリアに満ちた背景をふまえるとすれば、オフィキウムにもかかわる徳性のスコラ学的理論は、かなり理解しやすくなる。すでにキケロとアンブロジウスによってほのめかされ、後期スコラ学の倫理に特殊な貸付けをおこなうことになるのが、オフィキウムと徳性の近接である。実際にこの近接は、状態と能力の統治のもとで、徳性に実効性を付与するねらいを帯びている。そのためトマスの『神学大全』では、徳性をめぐる議論に先行して、ハビトゥス（habitus）をめぐる問題の理論化が試みられる。[*27] この理論化が、アリストテレスの著作に撒かれていた手がかりを、系統だった仕方で分節、展開する。

とりもなおさず、状態は、人間における能力の様相として表わされる。一方で自然の能力は、ただひとつの作用に限定されている（*secundum se ipsas sunt determinae ad unum*）。そのため自然の能力は、行為への移行を可能にするための状態を必要としない。他方で人間の能力は、さまざまな方法と目的のもとに（*se habet ad multa*）作用しうる。そのため、人間の能力を作用するよう整えるひとつの原理が必要となる。この原理、すなわち、構造上それ自体は未確定でしかない人間の能力を規定し、はたらきにみちびく原理こそが、ハビトゥスである。[*28] しかし状態は、自然の能力から人間の能力を、もうひとつ別の根拠によっても区別する。自然的動因の能力は、つねにそのはたらきの能動的原理でしかない。たとえば火を考えるなら、それはたんに熱することしかできない（*sicut in igne est solum prindipium activum calefaciendi*）。そうした動因の行為は、けっして状態には翻訳されえない。「それゆえ自然的事物は、習性を持つことも習性をうしなうこともできない」（*et inde est quod res naturales non possunt aliquid consuescere vel dissuescere*）。それに対して、人間の行為はそのはたらきの能動的原理でも受動的原理でもある。とくにこの後者の観点において、その行為は状態というものを生み出す。したがって、受動性は人間のハビトゥスのきわだった根本原理である。

> ほかのものから動かされる受動的なすべてのものは、動因の行為によって規定される。したがって、行為の反復をとおして、動かされる受動的な能力のうちに、なにかしらの特性が生じる。これが状態と呼ばれる。*[29]

トマスによれば、状態を的確に定義するものとは、はたらきとの本質的な接続にほかならない。「もし状態がはたらきに向かう傾向をはらむのだとすれば」という問題にはっきりと答えるトマスは、こと能力とのかかわりにおいて、構造上あらゆる状態は行為に仕向けられるということを明確にする（*primo et principaliter importat ordinem ad actum*）。*[30] この行為との本質的近接をふまえて、作用が「第二の行為」（*actus secundus*）と表わされるのに対し、状態は「第一の行為」（*actus primus*）と定義される。*[31] トマスが「状態とは、ひとが欲した際に、ひとはそれにもとづいてはたらくようななにかである」というアヴェロエスの主張を引き受けて展開するにあたって、状態の座標は意思のなかに据えられる。

意思ならびにすべての欲求のうちに、それらをその対象に仕向けるなにかがあらねばならない。能力の本性そのものがじゅうぶんに仕向けられることがらについては、なんら特別な仕向けうる特性を必要とはしない。人間の生の目的に向かうためには、欲求がなにかしら定まった目的に仕向けられなければならないが、それでも、能力の本性はその定まった目的に仕向けられているわけではない。人間において能力の本性は、複数のさまざまなものに差し向けられているのである。それゆえ、意思ならびにそのほかの欲求のうちには、なにかしら志向する性質がなければならない。この特性が状態と呼ばれる。*32

行為に移行しない能力とは、アリストテレスがいみじくも語った、まどろむ人の能力、つまり、持ってはいても使われることはない（*echein kai mē energein*）能力の定義である。この能力と状態のあいだのアポリアに満ちた接続は、こうして宙づりになる。

6 状態をはたらきにするこの構造的な叙階は、徳性の理論によって醸成され、極限まで励起される。『神学大全』の徳性にかんする議論において、徳性はひとつの用語で、徹頭徹尾、無条件に定義される。それは、かつてアンブロジウスがキリストのことばの有為性を定義したオペラトリウス（*operatorius*）という用語を想起させる、「有為的状態」（*habitus operativus*）である。[*33] もし、徳性が能力のひとつの完成であるとすれば、さらにこの完成したものが、身体にかんしては存在する（*ad esse*）能力であると同時に、理性の機能にかんしては作動する（*ad agere*）能力であるとすれば、人間の徳性とはただ作動する能力にのみかかわることになる。

　したがって、ここでわたしたちが議論している人間の徳性は、身体に属することはできず、ただ霊魂にかかわる固有なものに属する。畢竟、人間の徳性は、存在に向かう審級ではなく、むしろ作動に向かう審級をともなう。つまり、有為的状態こそ、人間の徳性の定義そのものなのである。[*34]

　もし、アリストテレスのヘクシスをふまえて、トマスのハビトゥスがあらかじめはたらきに仕向けられているのだとすれば、そこにおいて徳性は装置にほかならない。この装置は、徳性が行為に属すること、そして、徳性がともかくも「有為的」に在ることを、担保するのである。

　しかし、状態は悪に対しても有為的でありうるために、徳性に満ちた状態は「善」として定義されうることが必要である。純然たる能力は善にも悪にもなぞらえうることをふまえて、良い状態を悪い状態から区別することができるとすれば、それは良い状態が良い対象を持つからではなく、良い状態が動因の性質と調和するからである[*35]（*habitus bonus dicitur qui disponit ad actum convenientem naturae agentis*）。同様に、徳性は能力の完成をともなうのに対して、悪は完成というものを知らず、いわば構造上「脆弱」である（*omne malum defectum quendam importat; unde et Dionysios dicit quod omne malum est infirmum*）。それゆえ、以下のように結論される。

あらゆる徳性はかならず善へと仕向けられるはずであり、そうだとすれば、有為的状態であるところの人間の徳性は、良い状態であるとともに善において有為的なのである［bonus habitus et boni operativus］。[*36]

ここで重要なことは、善は能力を規定しないという結論さえ引き出しうるこの議論の筋道ではなく、能力の完成ないしは未完成が、なにが良くてなにが悪いかを決定する点にほかならない。またしても本質をなすのは、徳性の実効性であり、徳性の状態を有為的にすることである。徳性の善性とは、徳性の実効性であり、能力をその完成に仕向けて急き立てることである。人間においてこの善性は、在ることのもとに成立するのではなく、執りおこなうことのもとに成立する。

人間は、ただ、はたらきのみをかいして、神に同化する。

人間に固有なものとは、存在に関連づけられた徳性［*virtus ad esse*］なのではなく、ただ理性が作動することに関連づけられた徳性なのである。［…］神の実体とはそのはたらきのことであるため、人間の神にたいする至上の同化は、なんらかの執行をかいして生じることになる。それゆえ［…］人間の生の目的であり、人間が神と最高度に一致する際にかいする喜悦もしくは至福とは、執りおこなうことのうちに存する［*in operatione consistit*］のである。*37

7　その後に続くのは徳性の定義にかんするくだりであり、示唆的にも「徳は適切な仕方で定義されるか」という標題が添えられている。ここで繰り返されるのはすでに展開された考察であるものの、これまでの議論が突きあたることになった問題やアポリアに取り組まれることはない。反復して示されるのは、徹底して有為的な徳性の特徴とともに、善に向かうことから逸脱しない徳性の指向性である。しかし、いったいなにが徳性に能力を付与するのか、なにが徳性を悪性のようなほかの有為的状態から区別するのかについては、いっさい説明されない。

徳性は有為的状態であるため、その目的は執行そのものにほかならない。しかし、有為的状態のうちのいくつか、たとえば悪性を帯びた状態はたえまなく悪に向かうのに対して、ほかのいくつかは、ある時は善に、またある時は悪に向かうことは注意が必要である。これは臆見と似ているだろう。それはある時は真であり、またある時は偽なのである。さて、これに対して、徳性はたえまなく善に向かう状態である。[*38]

一方で、徳性の目的はみずからの有為性それ自体にある。しかし他方で、徳性は状態の様相であるかぎりにおいて、徳性に適合しているはずの主体の本性と、かかわらざるをえない。「有為的状態」という表現そのものがすでに、語義矛盾をはらむように思われる。なぜならこれは、状態においては存在論へと送り返され、同時に、実効性においては実践へと送り返される表現だからである。徳性とはそれをかいして、実践のもとで在ることが不確定になり、存在のもとではたらくことが具体化されるようなものである。もしくはアリストテレスの言葉に即すなら、徳性は人間に「善くなる」ことを授けるものであり、同時に、人間に「わざを良くする」ことを授けるものでもある。

この意味で徳性の定義は、オフィキウムにおいて実効性を特徴づけるあの循環性との、たんなるアナロジィにとどまらないなにごとかを示す。祭司がそのつとめをまっとうしなければならないのは、彼が祭司であるかぎりにおいてである。しかし、彼が祭司であるのは、彼がそのつとめをまっとうするかぎりにおいてである。典礼行為の主体は、実際は主体ではなく、キリストの為されたわざによって《エクス・オペレ・オペラート》（*ex opere operato*）はたらかせられる。同様に、徳性に満ちた行為の主体は、有為的状態によってはたらかせられるのである。だからこそ、トマスは徳性についてこのように書くことができる。「神はそれをわたしたちのうちに、わたしたちなしに生じせしめる」（*Deus in nobis sine nobis operatur*）。*39

　したがって、徳性と任務が、祭司の人格のもとに強固な布置を形成するとしても、驚くにはあたらない。つまり、アンブロジウス以降に著された祭司の任務にかんする議論は、祭司の徳性についてもあらかじめ論じていたのである。任務とおなじく徳性もまた、おなじ循環にとらわれる。つまり、善もしくは徳性に満ちているのだとすれば、それがよくはたらくかぎりにおいてであり、よくはたらくのだとすれば、それが善もしくは徳性に満ちているかぎりにおいてである。

8　徳性と任務が不確定の閾に入る決定的な場は、レリギオ（*religio*）の理論である。宗教的状態（*status religionis*）を徳性とするその定義において、オフィキウムという典礼的伝統と徳性にかんする道徳的伝統は、ふたつの像のもとに混合される。つまり、義務を本質的内容とする徳性の像と、あらゆる意味でひとつの徳性として提示されるオフィキウムの像である。

『神学大全』において「敬神《レリジオーネ》」を「正義に連なる徳性」のひとつに数える、レリギオをめぐる議論は尊重されるべきである。[*40] トマスはレリギオという用語の語源にかんする短い考察をもって口火を切る。そのひとつは、キケロにまでさかのぼることが可能な「再読する《レレゲレ》」（*relegere*）に起源を求めるイシドールスの説である。「敬神なる者は、レリギオに端を発してそのように呼ばれている。つまりその者は、神の祭礼にかかわることがらを再考し、いわば再読するのである」（*religiosus a religione appellatus, qui retractat et tamquam relegit ea quae ad cultum Domini pertinent*）。もうひとつは、「結ぶ《レリガーレ》」（*religare*）に起源を求めるアウグスティヌスの説である。「それはレリガーレに端を発している。だからこそアウグスティヌスは言った。敬神がわたしたちを一にして全なる神へ結び付けますように、と」（*a religando, ut Agostinus: religet nos religio uni omnipotenti deo*）。いずれのケースにおいても、敬神は人間が神とのあいだに持つ特別で独占的な関係を指し示す。「敬神は人間をただ神のみに叙階する」（*religio ordinat hominem solum ad Deum*）。[*41]

しかし「敬神は徳性なのか」という問いに答えるにあたって、トマスは徳性と義務のあいだの本質的関係をはじめて定式化する。[*42] アリストテレスの定義に即して、もし徳性が「それを保持する者自身を善くして、さらにその者のわざを良くするもの」［*virtus est quae bonum facit habentem et opus eius bonum reddit*］なのだとすれば、必然的によいはたらきのすべては徳性に帰される。また、誰かに負債《おいめ》を返す（*reddere debitum alicui*）ことは、この上なく善であるため、神に対して負っている栄誉を神に返す（*reddere honorem debitum Deo*）ことで成立する敬神は、なににもまして徳性なのである。

徳性とは、自由意思を前提にするのであって、人間が神に負う奉仕を定義するものとしての責務を前提にはしないという反論に対して、トマスは以下のように答える。

しもべでさえ、自分の主人に対して負っているものを自発的にささげることができる。そのようにして、必然性から徳を生じせしめる［*et sic facit de necessitate virtutem*］のである。おなじように、神に対して負っている奉仕［*debitam servitutem*］をささげることも、人間がそのことを自発的になすかぎりにおいて、徳性の行為となりうる。

直接的かつ無媒介的に、神の栄誉へと秩序づけられていることがらを執りおこなうかぎりにおいて、敬神は、数ある道徳という徳性のなかで、もっとも卓越したものである［*praeminet inter alias virtutes morales*］。[*43]

ここで問題となっている、きわだって実践的なパラダイムについて考慮してみたい。このパラダイムは、カントとカント以前の「徳性の義務」（*Tugendpflicht*）をともかくも構成するかのようである。その唯一の対象がデビトゥム（*debitum*）であるような徳性という概念のもと、そして、在らねばならないということと寸分たがわず重なるような在るということの概念のもと、徳性とオフィキウムはあますところなく完全に一致する。すなわち「在るべきこと」は装置にほかならない。この装置は、徳性の教理が囚われたままとなっていた存在と作動の循環を、神学者たちに解きほぐさせる。徳性に満ちた状態の有為的志向に支えられて完了された行為は、実際のところ、そして、同程度には、義務の執行であると言えるだろう。字義どおり「成りゆきに身をまかせる《ファチェンド・ディ・ネチェッシタ・ヴィルトゥ》〔必然的に徳を生じせしめる〕」とき、神を敬う者は義務に仕向けられ、それと同時に、徳性を課されるのである。

9 典礼と倫理というふたつの伝統を一致させるプロセスの徴候は、「信心《デヴォツィオーネ》」という概念の進化にある。神学者がつねに自覚しないではおかなかったのは、デヴォティオ（*devotio*）の異教的起源にほかならない。すなわちかつての指揮官は、戦争において勝利をつかむために、冥界の神々にそれをもってみずからの生をささげていたのである。トマスもまたこのことをよく心得ている。

> かつて異教徒たちのもとでは、自分の軍隊の安全のため、みずからを死にいたるまでも偶像にささげることを誓った者たちが、信心ある者と呼ばれた（*olim, apud gentiles, devote dicebantur qui*

se ipsos idolis devovebant in mortem pro sui salute exercitus）。[*44]

信心ある者と呼ばれるのは、神に完全に従属するよう、なにかしらの方法で神への誓いを立てて献身をする者のことである。

しかし、テルトゥリアヌスとラクタンティウス以降、ウォトゥム（*votum*）という用語は依然その起源の専門的意味を保持するのに対して、デウォティオという用語の意味は徐々に変換されていく。つまりそれは、信者の祭礼活動そのものとともに、祭礼活動を成就する際の内なる態度をも指し示すようになる。秘跡に即したこの用語のもっとも古い用法を分析したカーゼル派の研究者は、そのふたつの意味について語る。ひとつは道徳的意味で、もうひとつは典礼的意味である。後者について言うなら、たとえばレオ一世はデウォティオをたんなる聖体祭儀の意味で幾度かもちいている。[*45] ただ実際には、ここでふたつの意味について語る必要はない。語るべきは、ひとつの意味が見せるふたつの様相、すなわち実践的かつ外的なひとつの様相と、心理的かつ内的なもうひとつの様相についてである。実際のところ、狭義の典礼を扱うテクストの埒外、たとえば修道生活の領域において、デウォティオという用語が指し示すのは、ほとんど、敬神的生にかかわる外的行為が成就することをともなう無条件の内的没頭のことにほかならない。この意味で、献身はひとつの徳性とみなされる。カッシアヌスの『共住修道生活の戒律』において、献身は修道生活の奉仕を成就するための勤勉な自己犠牲（*quae explore tanta devotione et humilitate*）という様相を呈するだけでなく、あたかも徳性のうちに分類されるかのように、信仰や正義と同列に（*tantae iustitiae, tantae virtutes, tanta fides atque devotio*）語られる。[*46]

したがって、トマスにおいて、レリギオにかんする議論の直後に、献身の議論が続くことは驚くにあたらない。敬神の内的行為に連なるものが献身であり、この意味で献身が指し示すのはプロンプタ・ウォルンタス（*prompta voluntas*）、つまり、神への祭礼行為の成就における、すばやさと勤勉ないきおいである。

あることをなすこと、そのことをなそうとするすばやい意思を持つことは、同じ徳性に属する。敬神に固有なものは、神への祭礼に属する行為を執りおこなうことである。それゆえ、そうしたことがらをなしとげようとするすばやい意思を持つこともまた、敬神に固有なものである。このすばやい意思を持つことが、身をささげることになる（quod est esse devotum）。[*47]

レリギオにおいてオフィキウムはその一部を構成する。それと同様に、献身においてオフィキウムは無媒介的に徳性となる。

10　トマスが『神学大全』において独立した問題を立てたレリギオ－徳性という難問は、フランシスコ・スアレスにおいて、三巻におよぶ著作すべての議論にまたがるほどの広がりを獲得する。『敬神という徳性の性質と本質について』は、『神学大全』のテクストにかんする忠実で綿密な註釈であるように見える。実際そのとおりだが、それだけではない。このスペイン人神学者に特徴的な戦略にかんがみるなら、むしろこの著作が表わすのは、トマスのテクストにかんする、あらたな体系的－法的文脈へのほとんど感知しえない微細な転位にほかならない。とりもなおさず、トマスがようやく定式化したデビトゥムという概念が、ここでは敬神の公式な定義になるばかりか、すべての議論が旋回する中心の核にもなる。

あらかじめ序文において、議論のねらいが、レリギオの本質にかんする理論的分析にあるのではなく、この著作で問題となるデビトゥムの法的かつ実践的提示にあると打ち出される。たとえば神の英知は、知識をもって精神を照らし出すだけにとどまらず、意思に規範をもたらすものである。そうであるなら、かりに神学が精神を照らすことにのみ終始して、習慣を管理することをしないのだとすれば（*si mentem illustraret, non mores dirigeret*）、神学は賞賛されなくなるかもしれない。スアレスは以下のように総括する。「そのため、神に対する義務である祭礼を神へ捧げること［*quae nos Deo debitum cultum edocerent*］を、わたしたちに教えてくれる一連の問題の解釈に、わたしは分け入らざるをえないのである」[*48]。

トマスがレリギオの語源として参照したイシドールスとアウグスティヌスに加えて、スアレスはラクタンティウスからも引用する。ラクタンティウスはみずからの議論の中心にウィンクルム（*vinculum*）という人間を神に縛る法的設定を据えた（*religionem dictam esse ab illo vincula naturali, quo Deo obligamur*）。それをふまえた敬神の定義が、義務と状態を緊密に結びつけるのは、徳性にかんする理念においてである。この徳性は、同時にまた、オフィキウムでもある。

敬神の名において以下のとおり正確に説明することができる。理性をそなえた被造物は、本性上の負債《おいめ》と、祭礼をみずからの作り手にささげようという心の奥底にある性向とに縛られる。そのために被造物は、自発的な選択と、みずからに付加された習慣とにあらためて縛られる［*religatur*］。したがって、このオフィキウムを履行する徳性を、レリギオと呼ぶことができる[*49]。

徳性と義務がこのように一致した結果、続く章においてデビトゥムはレリギオの「公式な対象かつ定義」（*ratio et objectum formale*）として構成される。レリギオを徳性として定義するということは、実際のところ、祭礼と栄誉がたんにレリギオをかいして神にささげられるということなのではない。そうではなく、祭礼と栄誉がただ義務として神にささげられるということなのである。

正義の権能は義務を果たすことである。また、敬神は正義の一部をなしている。［…］したがって、神の祭礼と栄誉はただ義務として敬神に含まれる［*honor et cultus Dei non cadit in religione, nisi ut ei debitus*］。[*50]

ここから、法的義務から敬神的義務を、すなわち、法的命令にも依拠する義務からただ神が優れているというそれだけの理由で負う義務を、区別しようとする向きが生じ、それに対してスアレスはデビトゥム・レリギオニス（*debitum religionis*）に固有な法的性質があることを主張する。

敬神は、［…］神の法にもとづいて神に負う［*iure proprio illi debitum*］祭礼を神にささげる。それゆえ敬神がはたす義務は、分類上、道徳的なのではなく、法的であり固有なものなのである［*non utcumque morale, sed proprium et legale*］。[*51]

負債のもとで、すなわち、在るべきということのもとで、あますところなく解体されるのは、在るということの理念である。そこで法と敬神は一致するよりほかない。

11 わたしたちがスアレスの議論でとくに興味を引かれる点はふたつある。第一に、レリギオのもとで、人を神に結びつける拘束の法的性質をあきらかにする上で、「敬意」(*reverentia*) という用語が喚起される点である。ちなみにカントがこれと同じ用語を『人倫の形而上学』において翻訳する際には、アハトゥング (*Achtung*) というドイツ語を選ぶ。これは「経験によらない感情」、すなわち、人が道徳律に先んじて覚える感情を意味する。さて、敬意は服従と一致しない。なぜなら敬意は位格の優秀さにかかわる (*directe respicere personam excellentem*) のに対して、服従はその位格に端を発する (*personae excellentis praeceptum*) 具体的な規範のみにかかわるためである。*52 スアレスにおいて敬神的義務が法的特徴を帯びていたことを想起するなら、服従から敬意を区別する彼の鋭敏さはいっそうきわだつにちがいない。このとき、服従はたんになにかしら規範的内容にかかわるものであるのに対して、敬意はいわば「優秀さゆえ」(*propter excellentiam*) という法のもとの義務であって、規範の具体的内容からは独立したものである。敬神という徳性が神とかかわるうえで経由する義務は、規範ではなく敬意に由来する。この敬意は、法によって、もしくはこう言ってよければ立法者によって、あたかも啓示のごとく与えられる。

興味を引く第二の点は、スアレスが敬神的義務を「無限の負債」と定義することである。人間のほかの義務とは異なり、レリギオにおいて問題となる負債は、すっかり返済することはできない。それというのも本質的にこの負債は、果たしきることができないからである。

実際のところ、敬神の負債と質料を弁済しつくす〔*exhauriri posit*〕ということは起こりえない。なぜなら敬神という徳性にとって、その負債はけっして赦免されえず、履行されえないからである〔*impleri solutione*〕。その負債はなにかしらのかたちで無限ということ〔*debitum quodammodo infinitum*〕であり、また、その負債はそれが償却されることによって積み増されていく。このことをとおして、人はさらなる恩恵にあずかるのである。こと人びとの正義にかんするかぎり、負債が償却によって弁済されるということは起こりえない。それは、正義のあとにさらなる正義を示す余地などどこにもないのとおなじである。人は敬神の行為をかいしたところで、神の御前にて授かった負債を払いきることができるはずもない。*53

みずからの負債を完全には返せないという徳性の風貌で、西洋世界の倫理にはじめて登場した概念こそ、現代人にとってはかくも愛らしい、無限の義務もしくは任務にほかならない。二世紀近くのちにカントは以下のように記す。

徳性はつねに進歩する。それにもかかわらず、それはその都度、最初からやり直す必要がある。徳性がつねに進歩するのは、客観的に考えるとすれば、それがけっして到達できない理想であるためであり、それでもなお、それに絶えず近づく義務を人は負うからである。[*54]

ここであきらかになるのは、「当為」がたんなる倫理的理念でもなければ、たんなる存在論的理念でもないということである。とりわけこの理念は、音楽的構造としてのフーガのように、アポリアをはらみながら存在と実践をつなぐ。このときはたらくことが在ることを上回るのだとすれば、それはつねにはたらくことが在ることにあらたな戒律を課すからというだけではない。なによりもまず、在ることとそれ自体が、純粋な負債以外の中身をなにひとつ持たないからである。

12 義務という理念の系譜学において、ザムエル・フォン・プーフェンドルフがクリスティアン・トマジウスに宛てた一六八八年七月一七日付けの書簡はきわだった位置を占める。わたしたちがそこに見いだすのは、たとえぞんざいにではあっても、系譜学上初めてはっきりと主張される事実、すなわち、倫理にかんする議論を主導するべきカテゴリーは、真理の原理ではなく、義務の原理にほかならないということである。プーフェンドルフは友人に説く。

そうは言っても、わたしは、理性をそなえた人格が、アリストテレスの十一の徳性にのっとって道徳を整える必要などないということの、強固な論拠を考えるのです。彼らは共和制という枠組みにみずからを順応させることができるのですから。普遍的に考えるなら［*in universum*］、彼らが道徳を整えたり仕上げたりする際にのっとらなければならないのは徳性ではなく、義務であるということ、それがわたしの意見です［*die Morale nicht secundum virtutes, sed secundum officia einrichten und tractiren soll*］。[*55]

この断定的な主張は、近代倫理学がもはや看過しきれなかった義務という理念が、その倫理のしきいをまたいだことをしるしづける。それゆえ、ここで立ち止まって、プーフェンドルフの語りの文脈と様相を考えることは有意義だろう。なによりもまず、彼の徳性への異議はふたつの契機に分節されている。ひとつは具体的な契機でもうひとつは普遍的な（*in universum*）契機である。ひとつ目のそれは、すでにプーフェンドルフが直前の六月一九日付けの書簡において言及している。つまり、アリストテレスがみずからの倫理を打ち立てる上で実際に意識していたのは、共和制における最良の類とみなしたギリシャ民主制だったという事実である。この規定的な定式化をふまえて語られるのは、もっとも普遍的な主張、すなわち、倫理が論じられるとすればそれは徳性によらず、むしろ義務によるべきだということである。

プーフェンドルフの書簡の特徴は、しばしば話を逸らす脇道が連なる様相を呈する点である。たとえば彼は、繰り返しぞんざいに「そうは言っても《ソンステン》」（*sonsten*）と話を変える。それゆえ、一読したかぎりでは、話が逸れたいくつもの脇道のあいだにつながりなどないかのようである。先に引いた箇所について言うと、文を並列的に置くゾンステンが距離を取ろうとしているにちがいない直前の一節は、スピノザの思想にたいする辛辣な批評を含んでいる。すでに六月一六日付けの書簡において、プーフェンドルフはスピノザとの出会いを思い出しながら、この哲学者を「新約聖書とコーランを一冊に編み直した、ぶしつけな輩《アイン・ライヒトフェルティヒア・フォーゲル》（*ein leichtfertiger vogel*）で、神々の人間を嘲る者（*deorum hominumque irrisor*）」[*56]と皮肉をこめつつ説明していた。プーフェンドルフは、スピノザの思想に精通することも示している。それというのも、彼は、内在的原因という概念のなかに「恥知らずな無信仰」（*welcher ein unverschämter atheist ist*）というスピノザの根源を指摘するのである。

どれほど神を万物の内在的原因（*causam immanentem omnium rerum*）と呼んだところで、スピノザが言っていることとは、アリストテレスがかのオルフェウスについて述べたことやアプレイウスが『宇宙論』に書いたこと、ウェルギリウスが『アエネーイス』第四巻に記したことと、なんら変わりばえしない。

ここで問題となる三つの章句は、とりわけふたつ目と三つ目については、いかなる意味においいても神の存在の否認を含まない。ただそこには、汎神論の根源的な定式化が見られる。たとえばアプレイウスは「万物は木星に満ちている」(*omnia Iove plena esse*) と語っており、さまざまな著名人に参照されたウェルギリウスの一節は「天と地、海と月、また巨人族の星々をそのうちから養うものは、気息というものである。言い換えるなら、心が注入されてはじめて、肉塊全体が動きを得る」(*spiritus intus alit, totamque infusa per artus / mens agitat molem et magno se corpore miscet*) というものである。[*57] 当時の思想上の論点にかんがみるなら、無神論者とは、神の存在を否認する者ではなく、神による世界の統治を、すなわち、神意を否認する者を意味する。この意味において、ライプニッツは以下のようにスピノザを語ることができた。「彼はまぎれもなく無神論者であった」。そうすると、つまり、正義にのっとって善と悪を差配する摂理の存在を、彼は許容しなかった」。そうすると、オフィキウムが倫理の中核をなすことへの肯定とスピノザへの批判のあいだには、結び目があるように思われる。ここでその結び目を解きほぐさなければならないだろう。

13

一六七三年、プーフェンドルフは『自然法にもとづく人間および市民の義務』を発表する。これは一六七二年に出版された彼の代表作『自然法と万民法』の成果を、とくにオフィキウムの概念にかんして整理しつつ要約するとともに、のちにトマジウス宛ての書簡に明かされたもくろみ、つまり、徳性ではなく義務によって倫理を分節するたくらみを実現する著作である。一六七二年刊行の前著において、倫理‐法的事象の圏域は、いみじくも無神論者スピノザから借用した用語である、道徳的実体（*entia moralia*）の圏域として定義されていた。その「属性」は「人間の自発的なはたらきの自由を管理し、制御するため、また人間の生に秩序と品格を授与するため、」物理的実体に重ねられる。[*58] 物理的実体はそれが在って動くための空間を前提とするが、道徳的実体においてちょうどその空間に相当するのが「身分」（*status*）である。この身分のもと、道徳的実体は「みずからのはたらきとみずからの効果を行使する」。「身分」の圏域において、道徳的実体の、とりわけその人格のはたらきを定義するのは、彼らの引責性（*imputativitas*）である。つまり、はたらきとその効果は動作主に帰されうるものであり、同時に、帰されなければならないという事実である。彼らのはたらきから生じる債務は、外的な強制権に一致するわけではなく、ただ、動作主の意志そのものに、あたかもある種の内在的な道徳的感覚であるかのように入りこむ（*obligatio vero moraliter voluntatem afficiat et peculiari quasi sensu eandem intrinsece imbuat*）。[*59] この債務が代理者を規範の定めるところに馴致するよう仕向けるのである。

『自然法にもとづく人間および市民の義務』における「義務《オフィキウム》」（*officium*）は、自然法の規定から生じる債務に馴致するかぎりにおいて、ひとのはたらきを指し示す用語である（*officium ... vocatur actio hominis, pro ratione obligationis ad praescriptum legis recte attemperata*）。オフィキウムが馴致しなければならない自然法の根本原理とは、連帯（*socialitas*）である。これは以下のくだりに表わされる。

「あらゆる人間は、社会を発展させ維持する権限を持つかぎりにおいて、義務を負う」〔*cuilibet homini quantum in se colendam et servandam societatem*〕。[*60] この戒律を設定してそれに法の力を付与するために、プーフェンドルフは、ただの神にとどまらず、その摂理によって世界を統治する神を必要とする。「この戒律が法の力を帯びる〔*vim legis obtineat*〕ようにするためには、神が実在し、その摂理でもって万物を統治することを想定しなければならない」〔*deum esse et sua providentia omnia regere*〕。[*61] 実際に、ほかの被造物とは異なり、人は社会なくして〔*citra socialem vitam*〕人として生きていかれないように構成される。「人が神から遵守するよう義務づけられているのは自然法である。この自然法は、人間の意志で考案されたものでも、人間の気まぐれで変化しうるものでもなく、まさしく神によって、人間に遵守させるという目的を達成するために構成されたものである」。[*62] ここにいたって、神が存在することを否認することと、神が人事に配慮することを否認することのあいだに、差はない。「両者の主張のいずれも、いっさいの敬神を全面的に破毀するのである〔*cum utrumque omnem religionem plane tollat*〕」。[*63] したがって、スピノザ主義を批判することと、倫理の根本的カテゴリーとして義務を位置づけることのあいだには、結び目がある。ただいずれの状況においても、決定的な点は変わらない。つまり、神による世界の統治と人間のはたらきの引責性とのあいだに、連結が打ち立てられるということである。神への義務、自分自身への義務、他人への義務という義務の三分割は、この連結を裏打ちする。人間の連帯と神の摂理をつなぐちょうつがいとして位置づけられることによって、オフィキウムは、統治を可能なものにし、統治の有効性を担保するのである。

ℵ　プーフェンドルフの仕事の具体的な貢献は、自然法思想の伝統をオフィキウムの概念に注ぎこんだことである。プーフェンドルフに先駆けて、すでにホッブズは『市民論』の序文において、議論のねらいが「人間の義務［*officia*］、まずは人間としての義務、つぎに市民としての義務」を定義することであると宣言していた。おそらくプーフェンドルフの著作に冠された書名は、まさに、このもくろみの要約にほかならないだろう。しかし、すでにシュトラウスが一九三三年の書評において、さらにその後一九三六年の『ホッブズの政治学』において指摘したように、実際のところホッブズは、義務についての所見を権利についての所見に置き換えている。たとえば自己保存権は、神の戒律にもとづくものではなく、暴力による死を前にした人間の恐怖にもとづいている。当然のことながら、シュトラウスそのひとにおいてもときおり起こるように、この権利はまた義務としても提示されうる。「ホッブズにおいて、義務の根拠はただひとつしかない。それは暴力による死への恐怖である[*64]」。

ℵ　義務という用語による権利の分節は、すでにジャン・ドマにおいて達成されている。一九六七年刊行の公法にかんする著作の冒頭で、このフランスの大法律家は国の一般的警察（*police générale d'un Etat*）の基盤を定義する際に、ドゥヴォワール（*devoir*）という用語をもちいている。しかし、彼がこの用語で呼び表わすものは、わたしたちがその系譜の再構成を試みたオフィキウムそのものである。彼は次のように書いている。「人間の社会が一個の身体を成しており各人はその手足であること、また、聖書がわたしたちに教え、理性の光がわたしたちにとって明白なものとしているこの真理は、すべての他人、そしてくだんの身体に対する各人のふるまいに関連するあらゆる義務の根拠であることは誰もが知っている。それというのも、こうした類の義務は、各人が身体のうちで占める地位をつうじて課される権能に応じたはたらきにほかならないからである」[*65]。こうしてドマによって、ドゥヴォワールという用語はコンデュイット（*conduite*）という用語へ緊密に結びつけられる。社会における人間の生とはたらきはつねに「命令される」。言い換えるなら、人間の生とはたらきは、指導と統治の対象である。

14　任務のパラダイムが、自身の臨界としてもっともアポリアをはらむ定式化を、カント倫理学に見いだすことは、なかば予想されたことであるにちがいない。もちろん本書はカント倫理学の網羅的研究の場ではないため、わたしたちはもっとも明白なつながりを指し示すだけに留めておきたい。その詳細については別の研究が補完するだろう。

カントが道徳について物した最後の著書である一七九七年の『人倫の形而上学』には、このつながりが用語レベルにおいてもはっきり現れている。ここでカントがみずからの論述の中心に据えたのは「徳性の義務」(*Tugendpflicht*)、すなわち「同時に義務でもあるような目的」の概念である。[*66] 義務と徳性を同一視するために重要なことは、義務こそが唯一の動機にして衝動(*Triebfeder*)であるはたらきの次元に、倫理の次元を一致させる点にほかならない。しかしこのことこそが、レリギオというそのきわだった臨界の姿のもとに、任務のパラダイムを定義する。わたしたちが確認したように、そこにおいて、徳性の理論は典礼の任務にしっかりと結び付けられる。それは、すでにプーフェンドルフによって明確に定式化されたもくろみ、つまり、義務にもとづく倫理というもくろみへの道を切り開くことで実現される。もし、わたしたちが検討したアンブロジウスからスアレスにいたる神学的伝統のすべてが、つまるところ、徳性から任務にわたる無関心の谷にいたるのだとすれば、カント倫理学とその「徳性の義務」はこのもくろみの成就であり実現である。じつは「徳性の義務」(*Pflicht der Tugend*)という理念はすでにクルージウスとマイヤにおいて明瞭に定式化されており、カントはレリギオの理論をスアレスから引き出す必要はなかった。しかしここで重要なことは、徳性と義務を結ぶ直近の遺伝的つながりを検証することではなく、以下を理解することである。つまり、生来の性向に依らずに、ただ、命令への服従におけるはたらき、すなわち、ただ義務のみによって成就するはたらきといういびつな理念が、仮に、倫理へと入り込み、そこで成功を収めることができたのだとすれば、その理由たりうるのは、教会が幾世紀にもおよぶ実践と理論化をとおして練り上げてきた、聖務・任務《ウッフィーチョ》をおいてほかにない。この任務は、祭司の任務のもとに、さらにさかのぼるならキリストの祭司的職能のもとに懐胎した、人間のもっとも貴い活動のモデルである。この意味において、「徳性の義務」とは敬虔な生の定義そのものである。カントは、敬虔主義的教育をとおして、この生を自家薬籠中のものとしていた。

ℵ　一七四四年の『理性的に生きるための指針』において、クルージウスは徳性の義務という概念を以下のように定義した。「その道徳的必然の根拠は、法と法を遵守するわたしたちの責任にある。したがって、わたしたちはかかる義務を徳性の義務［*Pflicht der Tugend*］と呼ぶことにする[*67]」。

15

もし、任務において、為されたわざ《エクス・オペレ・オペラート》による典礼的はたらきの実効性への担保がキリストに存するのだとすれば、カントにおいて、義務の実効性への担保としてキリストの位置を占めるのは、法にほかならない。それというのも、『人倫の形而上学の基礎づけ』のなかで、義務は「法にたいする純粋な尊敬をとおして作動する必然」と定義されるのである。[*68] 義務と法のあいだの本質的な結び目について、カントはつねに繰り返し言及する。「義務という概念はじかに法へ繋がれている」[69]。したがって、概念としての義務は「自由意志のもと、法によって行使される拘束［*Nöthigung*］もしくは強制［*Zwang*］」のなかで解体される[70]。

道徳律にかんして問題となる強制とは、法制におけるような外的な力なのではなく、生来の性向による抵抗を圧倒せずにはおかない、ひとつの自己強制（*Selbstzwang*）である。そのためにカントは、道徳的義務による自己強制を有為的にするための装置を必要とする。この装置が、スアレスにおいてはレリギオ（*religio*）のもとで人間を神に直接結び付ける紐帯そのものの、「尊敬」（*Achtung, reverentia*）である。

カントが『人倫の形而上学の基礎づけ』において尊敬という概念を導入し、それを法の本来的な等価物と定義するとき、彼はほとんど確信が得られなかったにちがいない。だからこそカントはそこに長い註釈を添え、この「あいまいな感情」に対して提議されうる疑義に先手を打つことを試みる。いずれにせよ、神学の圏域というこの感情の起源は、カントにとってなじみ深いものだったのはたしかである。カントは以下のように述べる。「わたしがこの問題を理性という概念にしたがってあきらかにするのではなく、「尊敬」という用語を使って、あいまいな感情に逃げ込んだのではないかと非難されるかもしれない」[71]。しかし、この点にかんしてカントが提示した理性的説明は、つまびらかにされるべきさらなるあいまいな「感情」になりかねない。それというのも、尊敬とは、あらためて性向や恐怖へ導くことのできるほかの感情のように「影響を受けて生まれた、もしくは病理的な感情」なのではなく、「理性みずからが生み出した感情」だというのである。[72] この異常な起源が幾度も参照される『実践理性批判』では、以下のように述べられる。いわく、道徳律に向かう尊敬とは「知性の原則にもとづいて生まれた感情」であり、それゆえ、それは「わたしたちが完全にアプリオリ（a priori）に認識する唯一の感情である」[73]。実際のところ、このようなアプリオリな感情は、感情ではなく「わたしの意志が法に服従するという意識をたんに表わすものである」[74]。すなわち尊敬とは、命令に対して服従することの承認であり効果以外のなにものでもない。このことが法の姿そのものを定義する。

> 尊敬たりうるものは、ただわたしの意志の原因に結びつくもののみであり、わたしの意志の効果ではない。またわたしの性向に屈するものでもない。そうではなく、その性向を圧倒するもの、もしくは、すくなくとも選択においてはわたしの性向を完全に排除するものこそ、尊敬たりうる。つまるところ、たんなる法それ自体が、尊敬の対象となりうるのであり、また、命令となりうるのである。[75]

> わたしは自分にとって、じかに法として認識するすべてのものを尊敬する。［…］意志が法によって直接規定されていること、そのことへの意識それ自体が尊敬の名に値する。それゆえ

尊敬は、主体における法の効果ではあっても、法の原因ではない。*[76]

スアレスにおける敬意《レウェレンティア》は、具体的な規範（*praeceptum personae excellentis*）ではなく位格そのものの優秀さ（*persona excellens*）にもとづくものである。カントにおける尊敬も、特定の命令ではなく普遍的な法、そして、適合にかかわる。この適合において、尊敬ははたらきの唯一の動機になるのである。

もし、なんらかの法に服従することによって、生まれる可能性のあるすべての衝動を意志から取り除くとすれば、そこに残るのは、はたらきが法と普遍的に適合するという状態にほかならない。［…］したがって、わたしは自分の行動原理が同時に普遍的な法となることだけを欲しうるという形でしか、行動してはならない。*[77]

16 『人倫の形而上学』の第一部において、カントは命令と義務の性質を外的強制という法権利にもとづいて定義し、時を移さずその定義を自己強制（*selbstzwang*）という姿で道徳に移し替える。しかし、その定義で引き合いに出された命令と義務の構造、つまり法による自由意志の強制は、法的強制という外部からもたらされる強制とも、倫理的強制という内部から生じる強制とも、それ自体は無関係である。[*78]

意志という概念の限定的導入を不可避のものにする自己強制というパラドックスは、意志が、強制の対象というかたちと、衝動（*Triebfeder*）の主体というかたちを、同時にとらざるをえない点にある。

それでも人間は自由な道徳的存在である。そのため義務という概念は、衝動という内的な意志決定にかんがみるかぎり、法の表象をともなってわたしたちがわたしたち自身に課す強制以外の、いかなる強制も含むことはないだろう。なぜならそうであってはじめて、意志の自由と、たとえそれが外的なものであったとしてもこの強制［*Nöthigung*］とを、一致させうるからである。ただこの場合、義務という概念は倫理に入ることになるだろう。[*79]

『実践理性批判』における「徳性の義務」という倫理的義務は、尊敬による加護のもと、同時に衝動としても現れるような義務として定義される。

義務という概念がはたらきにおいて要請するのは、対象的には、法との適合である。しかし、それがみずからの行動原理において要請するのは、主体的には、法への尊敬である。これが法のもとの意志決定のありかたとして唯一のものである。[*80]

しかし、まさにこの点において、カントは追い詰められる。同時に衝動でもあるような義務と、法によって規定されるがままの意志という、ふたつの得体の知れないもの《モンストルム》（*monstrum*）を定義するため、カントはそれらについて動詞の法《モード》をパラドクシカルに活用させざるをえない。人間は「法が為すべし［*dass er thun soll*］と無条件に命じるところを為しうる［*können*］と判断しなければならない」[*81]。倫理的義務とは「為すべきことをなしうること」である。『人倫の形而上学の基礎づけ』において、このパラドクシカルな活用は定式化の臨界にいたる。もし、法的にせよ道徳的にせよ、あらゆる命令が義務（*Sollen*）の表現なのだとすれば、いよいよ倫理は「欲することができるべきである［*man muss wollen können*］」というかたちを取る義務となるだろう。「あなたは、あなたの行動原理が同時に普遍的な法となることを欲することができるべきである。これこそ、普遍的な道徳的判断の原則である」[*82]。為しうることという、はたらきの可能性を表わす動詞「できる《ポテーレ》」は、矛盾した法《モード》で「べきである《ドヴェーレ》」のもとに従属させられ、目的語としては「すること《ファーレ》」の代わりに「欲すること《ヴォレーレ》」を持つ。この空疎は、法《モード》のカテゴリーにおける理解不能な絡まりであり、この絡まりが道徳律による命令のパラダイムを定義する。同時に、このような定式として結び目が作られることで、法《モード》を取る動詞は、かわるがわる支え合いつつ打ち消し合う。

カントにおいて、基本的概念としての意志が中心を占めることについて考える際は、彼がみずからの基盤をこのパラドクシカルな絡まりに据えていることを忘れるわけにはいかない。

17

尊敬という、こう言ってよければ、いっさいの感情の内容とあらゆる性向を排除することによってのみ成立する空疎な感情に対して、カントが内容を与えようとしたのが『実践理性批判』である。結果、かろうじてカントは「たんなる消極的効果」としての卑下を見いだすにいたる。[*83]

> この法が感情に及ぼす効果は、たんなる卑下を生みだすだけである。わたしたちはこの卑下が生まれることをアプリオリに知るものの、この卑下において、純粋に実践的な法を動機とする力を知ることはできない。感性がその法の動機に抵抗することのみがわかるのである。[*84]
> したがって尊敬とは、純粋に消極的でそれ自体あらゆる快を欠いた、命令に服従する感情である。

それゆえ、この感情は法への服従であり、感性的に触発された主体に対する暴力にも相当する命令であり、行為することへのいかなる快もそのうちに含まないどころか、行為することへの不快さえも含むものである。*85

つまるところ、尊敬とは感情の零度であり、あらゆる生来の性向や「病理的」と言われる受動的ないっさいの感情など、はたらきの動機たりうるすべての要素を差し引いた果てに残る感情、もしくは不快にほかならない。

ここにいたって、カントは尊敬（*Achtung*）と義務（*Pflicht*）をつぎはぎすることができる。実際のところ、ただ法への尊敬にもとづいてまっとうされるはたらきのみが、「義務」と呼ばれるのである。

意志が法則に自由にしたがうという意識は、ただみずからの理性によって、あらゆる性向への抗いがたい強要に縛られている。これが法にたいする尊敬そのものである。［…］この法にしたがい、規定的なすべての動機を排除した、客観的かつ実践的なはたらきは、義務と呼ばれる。義務は、規定的な動機を排除することによって、その概念のうちに実践的な強制を含む。この実践的な強制とは、たとえ嫌々ながらであっても、そのはたらきが執りおこなわれるよう規定するのである。*86

以下のことは驚くにあたらない。つまりカントは、彼が尊敬にかんして説明を提示したり、尊敬が倫理において決定的権能を練り上げたりしたにもかかわらず、このように定義される尊敬という感情が、「思弁的な理性に分け入ることができない」ままであること、そして結局は、ありえないほど素朴ですわりの悪い証明に送り返されることを、告白せざるをえないのである。『実践理性批判』において彼は述べる。

思弁的な理性が、たんなる知性的な理念が感情に及ぼすこうした効果へ分け入られなかった〔*unergründlich*〕としても、またわたしたちが、すべての有限な理性的存在において、このような感情と道徳律の表象が分かちがたく結びついていることを、アプリオリに知るだけで満足しなければならないのだとしても、そこにはなにも不思議はない。[*87]

『人倫の形而上学』においてなお、尊敬の起源が「なぞめいた」(*unerforschlich Ursprung*) まま残されるとすれば、それは、まさに義務とおなじく、尊敬が法の命令への服従をおいてほかになにひとつ内容を持たないからである。[*88] そのためにカントは、義務に対して尊敬が先立つことに固執せざるをえず、さもなければ尊敬と義務のあいだに生じかねない悪しき循環に警鐘を鳴らさなければならない。「尊敬という義務をなすことは、すなわち、義務という義務をなす〔*zur Pflicht verpflichet*〕ことに等しくなるだろう」[*89]。空虚もしくは零度の感情としての尊敬は、影であるほかない。義務という法の命令をふまえた強要が主体に投げかけるのは、この影である。

ℵ　一九六三年、ジャック・ラカンは名高い論文においてカントとサドを対比する解釈を示し、法の対象と抑圧された欲望の対象が一致することをあきらかにした。その五年後にジル・ドゥルーズが示唆せざるをえなかったことを、ここで問うことができるだろう。はたして、カント的法の転覆は、サドよりもむしろザッヘル＝マゾッホが効果的に実現したのではないだろうか。それというのも、徳性に満ちたカント主義者とマゾヒストはいずれも、みずからに固有の要素をもっぱら義務と卑下のなかに、すなわち命令の貫徹のうちに見いだす点で、寸分たがわず一致するのである。この意味において、カント倫理学とそれをふまえた近代倫理学のほとんどは、本質的にマゾヒスティックであるといえる。一瞥したところは、マゾヒストは徳性に満ちたカント主義者とは異なる。なぜなら、後者において命令はいかなる快も含まないのに対して、前者は卑下のうちにみずからの快を見いだすからである。ただ、言わずもがなではあるが、マゾヒストは法の命令によって辱められることのうちに快を覚える。ここで補足されるべきことは、マゾヒストが快を覚えるのは、法がマゾヒストを辱めることによって快を覚えるというその事実にもとづく点である。つまるところ、マゾヒストは苦痛や卑下のなかに快を覚えるのではなく、苦痛や卑下を課すことのうちにある快をサディストが得ようといそしむことに快を覚える。ここにその戦略の鋭さがある。マゾヒストは、サディストを化身とする法を悦ばせ、ただそうすることによって快を得る。法は維持され、法の命令は熱心に履行される。しかし、法はみずからのうちになにひとつ尊敬に値するものを持たない。なぜならその命令は快をはらむからである。すなわち、サドの徒による作用がいわゆる法に直接向けられるのに対して、マゾヒストの作用は尊敬に向けられる。これによって、法の根拠はむしばまれ、突き崩されるのである。しかし、マゾヒストの勝利ははかないものでしかない。それというのも、首長を喝采はしても敬意は払わない近代のマゾヒストである大衆が十全に示すように、マゾヒストたちが自身の作用によって確実に解放されるとは言えないからである。首長の凋落は、侮辱が持つ可能性を大衆に開示する一方、大衆が隷従することへの裁可でもある。

18

ハイデッガーが『形而上学入門』で言明するのは、存在《ある》（*Sein*）と当為《べき》（*Sollen*）を分離するよう仕向けるプロセスは、カントにその完遂を見いだすということである。[*90] しかし、この分離において問題となる当為は「どこかよそから存在へと割り当てられ、関与するもの」ではなく、存在そのものに端を発するなにかである。[*91] 本書でわたしたちが関心を寄せる任務の考古学という観点のもと、ここに問いただすことを試みるべきは、この存在論的感覚と歴史的‐哲学的戦略にほかならない。この戦略はくだんの分離に、そして等しく、その連結にほのめかされている。カントにおいて当為の形式のもとに完遂されるにいたったのは、実効性の存在論である。わたしたちはこの存在論の基本的な系譜をたどった。この実効性の存在論のもとに確認されたのは、存在することと作動することが不確定となることであり、一方が他方に縮約され、存ることはたんに在るなにかではなく、実行に移されるべき在らねばならないなにかになることである。しかし、有為性の存在論に固有の性質と特徴を理解するためには、この存在論が、そもそもの始まりから、そして、実効性にかかわるのと同じくらい、命令にかかわる存在論でもあることを了解しなければならない。存在と当為の縮約は命令というかたちを取る。このかたちこそ、本質的にも字義どおりにも「命令法」である。この意味において当為は、外部から存在に付与される法概念や宗教概念ではない。当為はひとつの存在論をはらみ、定義する。この存在論はすこしずつ成功を重ね、果ては現代の存在論になる。

　たったいまわたしたちが想起した命令法については、その言語的形態が検討されるべきである。メイエは、インド・ヨーロッパ語族における命令法が、通常、動詞の語幹と一致すると指摘したうえで、それゆえに命令法は動詞の「本質的」な形態を表わしもすると示唆した。[*92] しかし、意味論的観点において命令法を定義するのは、この法《モード》が世界と明示的にかかわらないことと、事物の状態を表現しないことである。命令法は、通常は他者にはたらきを、ただ命令し、ただ強要する。

ケルゼンが以下のとおり察していたように、命令に服従する者のはたらきは、命令法の意味論的内容とみなすことさえできない。

人間はどのような行為によってその意志を表明しようとも、その意志がなにかしらのかたちでほかの人間を巻きこむものであるかぎり、［…］その行為の意味を、他者がそのように巻きこまれるだろうと記述することはできない。ただ、他者がそのように巻きこまれざるをえない［*soll*］とのみ、記述できるのである。*93

これとなんら変わるところを表明していないトマスは、命令は他者のはたらきを対象にするのではなく、他者の自由意志を対象にすると語った。命令法がみずからの根拠として、さらには、みずからの対象としてあらかじめ想定するのは、存在ではなく意志である。

もし、古典哲学の伝統における存在論が、本質的な特徴、つまり、存在が言葉と事物のあいだの明示的な結び目をはらむという特徴を持つのだとすれば、プリミティヴな動詞の形態である命令法はそれとは別の存在論を前提とする。その存在論がかかわることを要請するのは、「在るという」世界ではなく、「在らねばならないという」世界である。この意味において、「彼は歩く《エッリ・カンミナ》」（egli cammina）と「歩け！《カンミナ》」（cammina!）のふたつは綴りが同一であるにもかかわらず、存在論的観点にかんがみるなら、ある《エスティ》（*esti*）とあれ《エスト》（*estō*）はそれぞれ本質的に異なっている、もしくは異なることを要求するのである。

さて、ここで示唆に富むのは、命令法が、法と宗教に固有な動詞の法《モード》を定義する点である。呪われてあれ、親殺しであれ、つねに承認者としてあれ（*sacer esto, paricidas esto, aeterna auctoritas esto*）という十二表法の条項や、買い手となれ、相続人になれ（*emptor esto, heres esto*）という法律行為の定型句は、すべて命令法である。そればかりか、おそらくもっとも古い法的‐宗教的制度である宣誓も、ご覧あれ、どうか神よ（*martys estō, istō Zeus*）というように、命令法の動詞を含む。言わずもがなではあるが、一神教において、神は命令法によって語る存在であり、わたしたちは祭礼や祈祷においてその存在とおなじ動詞の法《モード》をかいして対峙する。

この観点から理解できるのは、なぜ、宣誓、命令、祈祷に代表される法的‐宗教的定型句は、行為遂行的な特徴を帯びるのかということである。もし、たんなる発話をかいした行為遂行性がその固有の意味を実現するのだとすれば、それはこの行為遂行性が、存在ではなく当為にかかわるからにほかならない。この当為が前提とするのは、ある《エスティ》ではなく、あれ《エスト》の存在論なのである。

したがって西洋の伝統には、異なりつつも紐づいているふたつの存在論が根ざしている。第一の存在論は、命令の存在論である。この法的‐宗教的領域に固有な存在論は、命令法として表われ、行為遂行的な特徴を帯びる。第二の存在論は、哲学的‐科学的伝統に固有な存在論である。

この存在論は直説法として、もしくは「ある」（*esti*）「存在」（*einai*）「実在」（*on*）など、不定詞や分子の名詞化された形態として表われる。「あれ《エスト》」の存在論は、当為に送り返される。「ある《エスティ》」の存在論は存在にかかわる。はっきりと異なっており、多くの点でさかしまなふたつの存在論は、共生し、対立し、それでもなお、交差し、交配し、かわるがわる他方の優位に立つことを、やめない。西洋の歴史ではいつもそうだったのである。

ℵ　二〇世紀の思想界において、まさにまぎれもない命令の人類学が、アーノルド・ゲーレンによって練り上げられた。制度理論の創設をめざすゲーレンによれば、人間社会における命令法の中心的機能が由来するのは、つまるところ人間において本能的に規定された素行が欠如することである。人間は、素行が本能的に規定されたほかの動物のように、素朴に生きることはできず、「みずからの生を指揮し」［*sein Leben führen*］なければならない。制度はその法や命令法とともに、まさしくこの欠損に位置づけられる。「それゆえ命令法は、そこにおいて内実が妥当的で義務的なものとみなされるような形態であり、また、それ自体がまとう素朴な表象を乗り越えて自律し始めるような形態である。命令法は［…］意志から選択を免除する。態度はあらかじめ決められている。このことは、感情的な状況や、わたしたちがしばしばとらわれる精神状態や、情状などとは無関係である。［…］これが、鈍った習慣という形態を乗り越える、唯一の形態である。この形態のために、態度は永続的なものになりうる。命令法とは、潜在的に、はたらきが〈あらかじめ成就すること〉なのである」[*94]。

ゲーレンは、人間の本能的欠如という特定の状況に照らして、命令と命令法の社会的正当化に無条件の効力を持たせようとする。ここに根源性が認められるとすれば、それは、自身がまだ若かったころに無条件で国家社会主義に身を投じたことへの徹底的な省察が、おそらく彼に一貫した慎重さをもたらしたということにちがいない。「義務的な様相、ふるまいが〈あらかじめ決定すること〉、分析的理性の禁止、社会的依存関係にある構成要素。これらはすべて命令法の契機である。しかしもしこれらが、みずからの意志によって作動する内実の代わりに意識のなかへ据えられると想像するなら、これらは人間本能の残余を衝き動かす契機にもなる。たとえば「これは禁忌である！触れてはならない！」といった初歩的な祭式は、こう言ってよければ、ある特定の主体へ厳密に向けられた本能的にして真正なる禁止にも似ている。もちろん、人間のなかに同様の禁止が存在するとすれば、だが」[*95]。この人類学的観点のもと、ゲーレンはさらにカント的カテゴリーの命令法についても解釈する。「すでにカントは、命令法が社会的必要に対応していることを認識していた。また、命令法から中身のいっさいを剥奪することで、普遍的効力を有するシンプルな価値を生み出した。［…］それが義務という中身である」[*96]。

19　カントが象徴するのは、命令の存在論と当為の存在論がみずからを練り上げた果てに臨界する瞬間であり、さらに、そのふたつの存在論が、実体の存在論と存在の存在論に貫入することによって、それらを内部から変換しようと試みる瞬間である。仮にカント倫理学についてはこのことがあきらかであるとしても、『純粋理性批判』までもこの観点のもとに読まれうるか否かについては、はっきり予期できないだろう。そこでは実在や経験とは関わりのない「純粋な」理性の使用が、形而上学の可能性と一致する。「存在論という輝かしい名称」を「超越論的哲学という名称」に置き換えることは、もはや当為の存在論がいみじくも存在の存在論の座に就いたことと同義である。それゆえ、超越論的対象や物自体が指し示すのは、なんらかの実在というよりも、ただのXという変数である。この変数にかんして「わたしたちはなにも知らない。有り体に言うなら［…］わたしたちはなにひとつ知ることができない」。それらは存在ではなく要請である。それらは実体ではなく命令である。経験のレベルには、それらに対応しうるものがなにひとつ、ない。同様に、理性という理念は「規範的」理念である。理性は「命令」であって表示的な言葉ではない。したがって、カント倫理学における当為は、カント形而上学におけるヌーメノン、物自体が果たす権能に一致する。しかしながら、物自体が思考にもたらす領域の開かれは、空虚なものでしかない。それとおなじく、定言的命令が実践的理性に確定的方法で命じるとしても、その命令はなにも語りはしない。ちなみに、この観点にかんがみるなら、ショーペンハウアーが意志の次元と事物そのもののの次元を同一のものとみなしえたということ、そして自身の主要著作に収められた補遺のひとつを「物自体としての意志にかんする超越論的考察」と名づけえたことも、驚くにはあたらない。

現代のとば口にあって、神学と形而上学がいよいよその版図を科学的理性に明けわたすその時、カントの思想が表わすのは、あるの存在論《エスティ》のただなかに、あれの存在論《エスト》が世俗的に再登場したことであり、哲学のただなかに、法と敬神が破滅的に再浮上したことである。科学的知見の勝利に際して、カントは形而上学の生き残りを担保するべく、実体と存在の存在論のなかに、命令と当為の存在論を移植し、それらを作動するがままにした。このように形而上学の可能性を保証しようとし、それと同時に、法とも敬神ともかかわりのない倫理を創設しようとしたのがカントである。しかし一方で彼は、オフィキウムと有為性という、神学的-典礼的伝統の遺産をいっさい釈明することなく受け入れ、他方では、古典的存在論に対して永遠の離別を告げた。

カントによって執行された「コペルニクス的転回」は、客体が占めていた場に主体の軸を据えることというよりも、むしろ、実体の存在論に換えて命令の存在論を配することにこそ、ある。もちろん実際のところ、このふたつの貢献は分かちがたく結びついている。ともかく、そこでふたつの存在論が相互に交配し、衝突し、妥協してきたという事実を認識しないかぎり、カント以後の哲学史は理解されない。つまるところ、現象学や『存在と時間』とともに哲学史がたどり着く暫定の貸借対照表において、「あれ！」（*estō*）と「ある」（*esti*）はつかの間、不確定になるのである。

א　エルサレム裁判のさなか、アイヒマンは「自分はこれまでの全生涯をカントの道徳律、とりわけ義務にかんするカントの理念にある程度かなうように生きてきた」と言明した。いったいなにが言いたいのかと質されたアイヒマンは、実際に『実践理性批判』の一節をそらんじて付け加えた。「わたしがカントに触れた際に言いたかったのは、わたしの意志の格律はつねに普遍的な法となりうるようなものでなければならないということです[*97]」。

不思議にもアーレントは、この「凡庸な人間による日常的使用のためのカント解釈」を皮肉まじりに取り上げるにもかかわらず、アイヒマンの言葉をなにかしら真剣に引き取るべき主張とみなすようである。「最終的解決の実施におけるおそろしく入念な徹底ぶりが［…］まさに帰されうるのは、実際のドイツに広く普及している奇妙な理念である。つまり、法に忠実であることは、たんに服従することではなく、あたかも自身がみずから服従する法を制作した立法者であるかのようにふるまうことを意味するのである。ドイツにおいて「あわれな人びと」の心性が形成される際に、カントがいかなる役割を担ったのだとしても、いっさいの疑問を差しはさむ余地がないのは、たしかにアイヒマンはある程度カントの道徳律にしたがったという事実である。法は法であり、そこにはなにひとつ例外はありえない」[*98]。

カントの視野が狭かったのだとすれば、それは以下を見通せなかったということである。つまり、産業革命とともに現れつつあった社会において、人間はどのようにしても抑制できなかった力に屈服させられるようになること、そして義務の道徳は、命令への服従を、自由にもとづく行為とみなすまでにいたることである。その命令が外的なものか内的なものかは些事である。外的な命令を内面化することほどたやすいものはないのだから。

20

じつのところ、カントの存在論は命令の存在論でしかないことは、ケルゼンにおいて完全に白日のもとにさらされる。ケルゼンが依拠するのは、あたかも二元論の公理のごとく無条件に想定された、存在（*Sein*）と当為（*Sollen*）に対する、いっさいの留保を抜きにした絶対視である。

わたしの研究は、基本的なふたつの対立項を分離するという前提に端を発している。つまり、存在と当為であり、なかみとかたちである。一元論の観念は、存在と当為の、なかみとかたちの二元論を決定的なものとして認めることはできないし、そうすべきでないと、わたしは自覚している。ただ、もしわたしがここで対立する原理を検討し、たがいに打ち消し合うふたつの概念を包みこむより上位のレベルにおいて、存在と当為を、なかみとかたちをつなぐことを諦めざるをえないと判断するとき、このわたしの観点にかんする弁明として、誠実に応答するとすれば、以下のようにいうほかない。わたしは一元論者ではない、と。[*99]

存在と当為の差異は、究極的には説明できない。それはわたしたちの思考よりも先に、意識に直接与えられているからである。

誰ひとり、以下のことを否定できないだろう。つまり「なにかがある」ということと「なにかがあるべきである」ということは本質的に異なるのである。前者の断定をかいして記述されるのは現実の対象であるのに対して、後者の断定をかいして記述されるのはひとつの規範である。さらに誰ひとり、以下のことを否定することもできない。つまり、なにかがあるという事実から、なにかがあるべきであるということを引き出すことはできないし、また同様に、なにかがあるべきであるという事実から、なにかがあるということを引き出すこともできない。[*100]

したがって、純粋法学の理論は、一方を他方に縮約することのできないふたつの存在論を前提としており、カントのように、命令と当為の存在論を固有の領域として選定する。この理論が「純粋」であるとすれば、それが、存在《ザイン》の圏域に移行することなく、あくまで当為《ゾールン》の圏域を維持し続けることを要請するからである。実際のところ、法的義務は、存在もしくは事物の状態、すなわち、しかるべきふるまいと一致することはない。法的義務はただ、とあるふるまいはひとつの規範によって定められ、この規範は強制的な懲戒という別の規範を参照させ、この規範がさらに別の規範を参照させるという事実を表わすにすぎない。

法的義務は［…］しかるべきふるまいの謂いではない。少なくとも、直接的にはそういったものではない。しかるべき行為があるとすれば、たんにそれは懲戒の代わりをする強制的行為である。かりに、とあるふるまいを法的に義務づけられた者は、法にもとづいて、そのようにふるまわなければならない［*soll*］というのであれば、ここで表わされるのは以下のことのみである。つまり、もし逆のふるまいがなされるのであれば、そのときは強制的行為という行動が、懲戒としてなされなければならない。[*101]

したがって、規範とふるまいの関係は、存在の関係ではなく義務の関係である。それ自体がそうみなされる規範は、具体的な行動ではない。

規範とはシニフィエ［*Sinngehalte*］であり、より正確には、そこにおいて規範が定まる行為の意味である。この意味が当為《ゾーレン》にほかならない。倫理学とおなじく法学もまた規範をあつかう科学である。それらが対象とするのは当為《ゾーレン》を含む規範［*Soll-Normen*］であり、この規範はシニフィエとして了解されている[*102]。

規範の意味があらかじめ規定された事実としてのふるまいと一致しないように、規範において問題となる命令もまた、命令によってその意味が構成される意思にもとづく行為と、一致することはない。その意味が、なおも存在のかたちを取るのである。規範は、人間がなにかしらの仕方でふるまうことを望んではいない。規範は、ただ、人間がなにかしらの仕方でふるまわなければならない［*soll*］ことを望んでいるのである。

法学の理論を存在にいっさい言及することなく打ち立てるというケルゼンの計画は、完全に実現されえなかった。存在と当為というふたつの存在論は、はっきりと異なっていながら、なお完全に分離されることもなく、たがいに参照され、たがいに必要とされる。このことがはっきりと表われるのは、懲戒と苦痛の理論においてである。懲戒を確定する規範は、死刑執行人が苦痛を科すべきであることを断定するのであって、苦痛を現実に科すことを断定するのではないだろう。この事実は、懲戒という理念そのものからあらゆる価値を奪い去る。快の問題とおなじく暴力の問題もまた、法と倫理によってやすやすと消し去られるがままではない。その問題はふたつの存在論のあいだの接点を構成する。カントにおけるように、純粋法学の理論においてもまた、存在と当為は分節される。それはあたかもフーガ形式の対位法である。分離は接触へと送り返され、この接触はあらたな分離へと導かれる。

闕

有為性の存在論と命令の存在論の解釈を試みるときが来たようである。この存在論を定義しようとしたわたしたちが本書で参照したのは、任務の考古学、そして、「意志の形而上学」であった。エルンスト・ベンツはこの「形而上学」を一冊の著書に再構成したものの、西洋哲学史におけるその重要性はいまだ十全に評価されているとは言いがたい。[*1] ベンツの研究は以下のことを提示する。つまり、古典期ギリシャ哲学のもとでは存在論的重要性を持たない意志という概念は、ヘルメス文書に依拠する主題を発展させた新プラトン主義、ならびに、四世紀以降のキリスト教神学によって練り上げられる。それは、一者が実体化し、至高の存在が三位一体として分節化されるプロセスに、説明をつけるためである。

このプロセスの端緒にあって、一者のなかにみずからへの性向（*neusis pros heauton*）が現れるとすれば、この性向こそが「意志」（*thelēsis, boulēsis*）や「愛」（*agapē, erōs*）として定義される。ちなみに『エネアデス』第六巻の論考のひとつは「一者の自由と意志について」という示唆的なタイトルを冠している。「それゆえすべてが意志であった。一者のなかに欲されなかったものはひとつもなく、意志に先立つものもなにもなかった。なにをおいても一者は意志であった［*prōton* ara hē boulēsis auto］」。[2] 本来はみずからにかかわる意志であるところのその意志は、したがって、神の内部の運動の謂いである。この運動をかいして、一者はみずからへ向きなおり、みずからを知性（nous）として構成し、三つの位格における第一の位格として実在と現存をみずからに課す。この観点のもと、意志と効力は一致する。「一者の効力とは、みずからを完全に統べる［hautēs kyrian］ことであり、みずからが望むこと［touto ousan ho thelei］である」。[3] また本質的には、意志であるのは効力だけでなく、善もまた意志以外のなにものでもない。「善の本性はみずからの意志である」。[4] プロティノスは、意志にもとづく近代形而上学の萌芽として認められうる身ぶりをもって、ついに意志と存在そのものを一致させる。「意志［boulēsis］と実体［ousia］はひとつに包括されなければならず、欲することそれ自体は必然的に在ることとそれ自体と一致する」。[5]

こうした存在と意志の鑑定をとおして、位格における神の単一性の漸次的拡張は、すでに「人間の実態のあり方」のもとに懐胎している。[6] それは、のちのキリスト教神学が証明している。意思とは、三つの位格による運動の起源であると同時に、それらの位格による単一性の回復を可能にする原理である。まさにこのギリシャ形而上学の「意志化」（Voluntarisierung）が、『ティマイオス』の世界のイメージとともにアリストテレスの不動の動者を内部から変換し、キリスト教の霊魂創造的パラダイムの練り上げに道を開く。[7]

その濃密な分析をふまえるベンツは、ここにおいて以下のことを示しもする。つまり、マリウス・ウィクトリヌスやグノーシス主義、エイレナイオス、オリゲネス、アタナシウスなどを経由する、まさにこのプロティノス的モデルの同化こそが、三位一体の神学を分節するとともに、キリスト教的人類学を分節することも可能にするのである。この分節の定式化は、記憶、知性、意志というアウグスティヌスの三幅対において完遂されるだろう。[*8]

もっぱら意志の考古学の論証に従事するベンツは、位格をめぐる教理が神の存在の「力学的観念」をはらむことにはっきりと自覚的であるにもかかわらず、本書が問題とするあらたな有為的存在論の特徴を定義することにほとんど興味を見せない。[*9] わたしたちの考古学があきらかにしようとしたことは、ベンツとは逆に、意志という概念の出現と重要性を説明することが可能な、この実効的存在論の特徴にかんする精細な定義でしかない。そこで存在は「動か」され、作動させられるという事実のみが示唆的なのではない。このことはすでに、アリストテレスの存在論において果たされていた。より決定的なことは、ここで存在の運動が自然に生じるわけではなく、それはエネルゲイアとたえまない〈履行〉をともなうという事実である。主体にかんするかぎり、実行へ仕出しされる「仕事」（*ergon*）とみなされる「〈履行〉」は、徹頭徹尾、余すところなく、意志と一致させられる。このことはプロティノスにもはっきりうかがえる。プロティノスは以下のようにも語る。「もし、わたしたちが作用すること［*energeias*］を一者に［*all'Uno*］帰すとすれば、この作用がなにかしらの仕方で生じるのは意志による［*hoion boulēsei autou*］だろう。なぜならそう欲さないかぎり［*ou gar* *aboulōn energei*」、〈履行〉できないからである。この作用がなにかしらの仕方で一者の実体［*ousia*］であるとすれば、そのとき意志と実体は同一のものということになるだろう」。[*10]

そのため、キリスト教神学において、天地創造のプロセスとおなじく三位一体の自己位格化のプロセスが励起されることは、自然的必然による（*a necessitate naturae*）のではなく、おおいなる神の意志による（*a voluntate divinae maiestatis*）結果とされる。[*11] 三位一体のオイコノミアと天地創造は、この〈履行〉とエネルゲイアのモデルに即して捉えられるのであって、非人称の自然なプロセスとして捉えられるのではない。それゆえ、ここにもまた、神の効力と神の意志を同一とみなす必然がある（*haec semper voluntas a Deo et in Deo est potentia*）。[*12]

意志の形而上学はみずからの臨界にいたった表現を、とりわけシェリングをはじめとする近代思想のなかに見いだすだろう。「最後にして最良の審級に鑑みるなら、存在は意欲［*Wollen*］になるほかない。意欲は存在の起源［*Ursein*］である。すべての哲学はこの最良の定式を見つけようとする」。しかし、意志の概念が存在論に導入されたのが三世紀から四世紀にかけてであったことは見過ごされてはならない。なぜなら、存在という観念は、有為的な意味へと漸次的に、すこしずつ変換されるからである。命令に根拠を与えるために、義務が倫理に導入されたように、効力から実効性への移行を説明するために、意志という理念は練り上げられた。もし存在が実行されるべきなにかであるなら、もしそのなにかが必然的に〈履行〉をともなうものであるなら、それらを可能にする意志が措定されなければならない。この要請が萌芽的に見え隠れしているのは、アリストテレスである。アリストテレスにおいて、意志という概念ははじめて存在論の文脈に登場し、効力〔潜勢力〕から行為〔現勢力〕への移行を説明する。つまり、効力の状態《ヘクシス》を持つものが行為に移行できるとすれば、「それがそのことを望むときである」［*hoti boulētheis*］。[*13] 同様に、理性的効力としての人間の効力は、ある事物とともにそれとは反対の事物も生み出すことができるのだから、「なにかべつのものが上位［*kyrion*］の要素となる必要があるだろう。わたしたちはそれを意志や選択［*orexin ē proairesin*］と呼ぶ」。[*14]

したがって、命令の存在論と有為性の存在論は緊密につながれている。〈履行〉がそうであったように、命令もまた意志を前提とする。君主の命令を表わす定型句（*sic volo, sic iubeo*）にかんがみるなら、「欲すること」が意味しうるのはただ「命じること」のみであり、「命じること」は必然的に欲することをともなう。「命じること」が取るかたちである。意志とは、命令の存在論と有為性の存在論において存在が取るかたちである。もし存在が、在るのではなくみずからを実現しなければならないのだとすれば、そのとき存在は、みずからの本質において、意志であり命令である。翻って、もし存在が意志なのだとすれば、そのとき存在はただ在るのではなく在るべきである。それゆえ、到来する哲学の問題とは以下を思考することにある。つまり、有為性と命令の彼方にある存在論を、そして、義務と意志の概念から完全に解放された倫理と政治を。

註

端書

＊1 『聖なる典礼にかんする憲章』(一九六三年一二月四日)

1 典礼と政治

＊1 Demostene, *IV Phil.*, 28.

＊2 Isocrate, 7, 25.

＊3 Aristotele, *Politica*, 1309a 18-21. 〔アリストテレス「政治学」神崎 繁・相澤康隆・瀬口昌久訳『新版アリストテレス全集17 政治学 家政論』内山勝利ほか編、岩波書店、二〇一八年〕

＊4 *ibid*, 1330a 13.

＊5 *ibid*, 1335b 29.

＊6 *Anth. Pal.*, 5, 49, 1.

＊7 Strathmann, Hermann, *s. v. leitourgeō, leitouria*, in Gerhard Kittel e Gerhard Friedrich (a cura di), *Theologisches Wörterbuch zum neuen Testament*, Kohlhammer, Stuttgart 1933-79, 10 voll.; trad. it. *Grande lessico del Nuovo Testamento*, a cura di Felice Montagnini, Giuseppe Scarpat e Omero Soffritti, Paideia, Brescia, 1965-92, 16 voll., p. 595.

＊8 Aristotele, *De anim. Incessu*, 711b 30. 〔アリストテレス「魂について」中畑正志訳『新版アリストテレス全集7 魂について 自然学小論集』内山勝利ほか編、岩波書店、二〇一四年〕

＊9 *P. Oxy.* III, 475, 18.

＊10 Drecoll, Carsten, *Die Liturgien im römischen Kaiserreich des 3. und 4. Jh. n. Chr. Untersuchung über Zugang, Inhalt und wirtschaftliche Bedeutung der öffentlichen Zwangsdienste in Ägypten und anderen Provinzen*, Steiner, Stuttgart 1997., 1, p. 56.

＊11 *Ex.*, 28, 35. 〔「出エジプト記」二八章三五節〕

＊12 *Num.*, 8, 22; *ibid.* 16, 9. 〔「民数記」八章二二節、一六章九節〕

＊13 同様の表現は以下にも登場する。*Ap.*, 1, 6.

＊14 *Deut.* 7, 6. 〔「申命記」七章六節〕

＊15 Aristea, *Lettera di Aristea a Filocrate*, a cura di Francesca Calabi, Biblioteca Universale Rizzoli, Milano 1995., 92, p. 87. 〔「アリステアスの手紙」左近淑訳『聖書外典偽典 第3巻 旧約聖書偽典Ⅰ』日本聖書学研究所編、教文館、一九七五年〕

＊16 Filone di Alessandria, *Quis rerum divinarum heres sit*, a cura di Marguerite Harl, Éditions du Cerf, Paris 1966; ed. it. *L'erede delle cose divine*, a cura di Roberto Radice, Rusconi, Milano 1994., 84.

＊17 *Lc.*, 1, 23〔「ルカによる福音書」一章二三節〕; *At.*, 13, 2.〔「使徒言行録」一三章二節〕

＊18 *At.*, 13, 1.〔「使徒言行録」一三章一節〕

＊19 *Rm.*, 15, 27.〔「ローマの信徒への手紙」一五章二七節〕

＊20 *2Cor.*, 9, 12.〔「コリントの信徒への手紙二」九章一二節〕

＊21 *Fil.*, 2, 30.〔「フィリピの信徒への手紙」二章三〇節〕

＊22 Strathmann, p. 631.

＊23 Tertulliano, *De baptismo*, in Jacques-Paul Migne (a cura di), *Patrologiae cursus completus. Series latina*, II., 17, 1〔テルトゥリアヌス「洗礼について」『中世思想原典集成4 初期ラテン教父』上智大学中世思想研究所編訳・監修、平凡社、一九九九年〕; Tertulliano, *Adversus Judaeos*, in Jacques-Paul Migne (a cura di), *Patrologiae cursus completus. Series latina*, II., 6, 1, 14.; Cipriano, *Epistolae*, in Jacques-Paul Migne (a cura di), *Patrologiae cursus completus, Series latina*, IV., 59, 14; 66, 8.〔キプリアヌス『キリスト教古典叢書6 偉大なる忍耐・書簡抄』P・ネメシェギ編、熊谷賢二訳、創文社、一九六五年〕; Origene, *Hom. in Num.*, 10, 1.〔オリゲネス「民数記講話」『中世思想原典集成1 初期ギリシア教父』上智大学中世思想研究所編訳・監修、平凡社、一九九五年〕

＊24 *Col.*, 1, 25.〔「コロサイの信徒への手紙」一章二五節〕ここでパウロはみずからをしもべと呼んでいる。

＊25 *1 Cor.*, 12, 28-31.〔「コリントの信徒への手紙一」一二章二八－三一節〕

＊26 *2 Cor.*, 3, 1-14.〔「コリントの信徒への手紙二」三章一－一四節〕

＊27 *2Cor.*, 7, 11.〔「コリントの信徒への手紙二」七章一一節〕

＊28 Cfr. *Num.*, 16, 9.〔「民数記」一六章九節〕

＊29 *Heb.*, 8, 5; 9, 9; 10, 1.〔「ヘブライ人への手紙」八章五節、九章九節、一〇章一節〕

＊30 *Heb.*, 9, 26; 9, 14; 10, 14〔「ヘブライ人への手紙」九章二六節、九章一四節、一〇章一四節〕

＊31 *Heb.*, 9, 14; 9, 28; 10, 12〔「ヘブライ人への手紙」九章一四、九章二八節、一〇章一二節〕

＊32 *Heb.*, 10, 3.〔「ヘブライ人への手紙」一〇章三節〕

＊33 *Heb.*, 9, 12.〔「ヘブライ人への手紙」九章一二節〕

＊34 Sohm, Rudolf, *Kirchenrecht, I: Die geschichtlichen Grundlagen*, Duncker & Humblot, Müünchen 1923., pp. 22-23.

＊35 *ibid.*, p. 27.

＊36 *ibid.*, p. 459.

＊37 *ibid.*, p. 159.

＊38 *ibid.*, p. 165.

＊39 Clemente, *Epistula ad Corinthos quae vocatur prima graece et latine*, a cura di Thomas Schaefer, Harrassowitz, Leipzig 1942., 1, 1.

＊40 *ibid.*, 3, 3.

＊41 *ibid.*, 37, 3.

＊42 *ibid.*, 36, 1.

＊43 *ibid.*, 42, 2.

＊44 *ibid.*, 40, 2-41, 1.

＊45 *ibid.*, 44, 2.

＊46 *ibid.*, 44, 3.

＊47 *ibid.*, 44. 6

＊48 古代のラテン語版の「手紙」では、「規則」を法律（*lex*）と訳している。

＊49 Metzger, Marcel (a cura di), *Les Constitutions apostoliques*, Éditions du Cerf, Paris 1986, 3 voll., I, p. 237.

＊50 *ibid.*, p. 241.

＊51 *ibid.*, p. 247.

＊52 Ireneno di Lione, *Contre les hérésies*, a cura di Adeline Rousseau e altri, Éditions du Cerf, Paris 1965-2002, 5 voll., 4, 26 2-3.

＊53 *ibid.*, 4, 26, 5.

＊54 Stroumsa, Guy Gedaliahu, *La Fin du sacrifice. Les mutations religieuses de l'Antiquité tardive*, Odile Jacob, Paris 2005; trad. it. *La fine del sacrificio. Le mutazioni religiose della tarda antichità*, Einaudi, Torino 2006., p. 76.

＊55 *ibid.*

＊56 *Hom. in Num.*, 9, 5, 2.; 10, 21.〔オリゲネス「民数記講話」〕

＊57 Metzger, I, pp. 147-49.

＊58 *ibid.*, p. 271.

＊59 Epifanio, *Panarion haer. 34-64*, a cura di Karl Holl e Jürgen Dummer, Akademie-Verlag, Berlin 1980., 55, 4, 5-7, p. 329.

＊60 Ambrogio, *Des Sacrements — Des Mystéres*, a cura di Bernard Botte, Éditions du Cerf, Paris 1994., 4, 8-12.; 5, 1.〔アンブロジウス『キリスト教古典叢書３ 秘跡』P・ネメシェギ編、熊谷賢二訳、創文社、一九六三年〕

＊61 Agostino, *De diversis quaestionibus liber unus*, in Jacques-Paul Migne (a cura di), *Patrologiae cursus completus. Series latina*, XL., 56, 2.

＊62 Durando, Guglielmo, *Rationale divinorum officiorum*, a cura di Anseleme Davril e Timothy Thibodeau, Brepols, Turnholti 1995-2000, 3 voll., I, p. 240.

＊63 Braga, Carlo e Bugnini, Annibale (a cure di), *Documenta ad instaurationem liturgicam spectantia. 1903-1963*, CLV-Edizioni liturgiche, Roma 2000., p. 571.

＊64 Agamben, Giorgio, *Il Regno e la Gloria, Per una genealogia teologica dell'economia e del governo « Homo sacer » II, 2,* Bollati Boringhieri, Torino 2009., pp. 31-66.〔ジョルジョ・アガンベン『王国と栄光』高桑和巳訳、青土社、二〇一〇年〕

＊65 *Eph.*, 3, 9.〔「エフェソの信徒への手紙」第三章九節〕

＊66 Cabasilas, Nicolas, *Explication de la divine liturgie*, a cura di Sévérien Salaville e altri, Éditions du Cerf, Paris 1967., p. 130.〔ニコラオス・カバシラス「聖体礼儀註解」『中世思想原典集成３ 後期ギリシア教父・ビザンティン思想』上智大学中世思想研究所編訳・監修、平凡社、一九九四年〕

＊67 Cfr. Braga e Bugnini, pp. 574-75.

＊68 *ibid.*, p. 578.

＊69 Vogüé, Adalbert de (a cura di), *La Règle du Maître*, Éditions du Cerf, Paris 1964, 2 voll., I, p. 380.

＊70　Vittorino, *Contra Arium*, in id., *Traités théologiques sur la Trinité*, a cura di Paul Henry e Pierre Hadot, Éditions du Cerf, Paris 1960, 2 voll., p. 122.

＊71　Agostino, *In Evangelium Johannis Tractatus*, in Jacques-Paul Migne(a cura di), *Patrologiae cursus completus. Series latina*, XXXV., 5, 18.〔アウグスティヌス『アウグスティヌス著作集第23、24、25巻　ヨハネによる福音書講解説教1、2、3』泉治典、水落健治、金子晴勇、茂泉昭男、岡野昌ほか訳、教文館、一九九三年〕

＊72　Tommaso d'Aquino, *Scriptum super Sententiis magistri Petri Lombardi*, IV, a cura di Marie-Fabien Moos, Lethielleux, Parisiis 1947., p. 92.〔トマス・アクィナス『神学大全41　第3部　60－65問題』稲垣良典訳、創文社、二〇〇二年〕

＊73　Tommaso, *S. th.*, III, qu. 62, art. 1.〔トマス・アクィナス『神学大全』〕

＊74　*ibid.*, qu. 64, art. 5.

＊75　*ibid.*, qu. 64, art. 8.

＊76　*ibid.*, qu. 64, art. 10, sol. 3.

＊77　Grundmann, Herbert, *Religiöse Bewegungen im Mittelalter. Untersuchungen über die geschichtlichen Zusammenhänge zwischen der Ketzerei, den Bettlorden und der religiösen Frauenbewegung im 12. und 13. Jahrhundert und über die geschichtlichen Grundlagen der deutschen Mystik*, Ebering Berlin 1935; trad. it. *Movimenti religiosi nel Medioevo. Ricerche sui nessi storici tra l'eresia, gli Ordini mendicanti e il movimento religioso femminile nel XII e XIII secolo e sulle origini storiche della mistica tedesca*, il Mulino, Bologna 1970., p. 490.

＊78　Innocenzo III, *De sacri altaris mysterio*, in Jacques-Paul Migne (a cura di), *Patrologiae cursus completus. Series latina*, CCXVII., c. 844.

＊79　Pietro di Poitiers, *Sententiae Petri Pictaviensis*, a cura di Philip S. Moore e Marthe Dulong, University of Notre Dame Press, Notre Dame 1943-50, 2 voll., p. 156.

＊80　Pietro di Poitier, *PL*, CCXI, p. 1235.

＊81　Tommaso, *S. th.*, III, qu. 62, art. 1.〔トマス・アクィナス『神学大全』〕

＊82　Braga e Bugnini, p. 578.

＊83　*ibid.*, p. 574.

閾

＊1　Braga e Bugnini, p. 578.

＊2　*ibid.*, p. 576.

＊3　*ibid.*, p. 571.

＊4　Peterson, Erik, *Das Buch von den Engeln. Stellung und Bedeutung der heiligen Engel im Kultus*, in id., *Ausgewählte Schriften*, I, Echter, Würzburg 1994., p. 198.

＊5　*ibid.*, p. 202.

＊6　Braga e Bugnini, p. 576.

2　秘儀から効果へ

＊1　Jeggle-Merz, Birgit, *Erneuerung der Kirche aus dem Geist der*

Liturgie. Der Pastoralliturgiker Athanasius Wintersig – Ludwig A. Winterswyl, Aschendorff, Münster 1998.

＊2 Casel, Odo 1. *Das christliche Kultmysterium*, Pustet, Regensburg 1932, 1960; trad. it. *Il mistero del culto cristiano*, a cura di Burkhard Neunheuser, Borla, Torino 1966., p. 35.〔オード・カーゼル『秘儀と秘義：古代の儀礼とキリスト教の典礼』小柳義夫訳、みすず書房、一九七五年〕

＊3 Kilmartin, Edward J., *Christian Liturgy, Theology and Practice*, Sheed & Ward, Kansas City 1988., pp. 96-97.

＊4 Braga e Bugnini, p. 581.

＊5 *ibid.*, p.580

＊6 *ibid.*, p. 581.

＊7 Casel 1, p. 30.〔オード・カーゼル『秘儀と秘義』〕

＊8 *ibid.*

＊9 *ibid.*, p. 33.

＊10 Casel, Odo 2. *De philosophorum Graecorum silentio mystico*, Töpelmann, Gießen 1919., p. 19.

＊11 *ibid.*, p. 158.

＊12 Clemente Alessandrino, Protr., 12.〔アレクサンドリアのクレメンス「プロトレプティコス」(「ギリシア人への勧告」) 秋山学訳『文藝言語研究．文藝篇』57、筑波大学文芸・言語学系編、筑波大学、二〇一〇年〕

＊13 Rahner, Hugo, *Das christliche Mysterium und die heidnischen Mysterien*, in « Eranos-Jahrbuch », XI, 1944, poi in Joseph Campbell (a cura di), *Pagan and Christian Mysteries. Papers from the Eranos Yearbooks*, Harpers & Row, New York, 1963., p. 152.

＊14 Casel, Odo 3. *Das Mysteriengedächtnis im Lichte der Tradition*, in « Jahrbuch für Liturgiewissenschaft », VI, 1926., p. 140.

＊15 Casel 1, p. 32.〔オード・カーゼル『秘儀と秘義』〕

＊16 *ibid.*, pp. 41-42.

＊17 *ibid.*, p. 75.

＊18 Casel, Odo 4. *Mysteriengegenwart*, in « Jahrbuch für Liturgiewissenschaft », VIII, 1928., p. 146.

＊19 *ibid.*, p. 145.

＊20 Baumstark, Anton, *Liturgia romana e liturgia dell'Esarcato. Il rito detto in seguito patriarchino e le origini del Canon missae romano*, Pustet, Roma 1904., pp. 38-39.

＊21 *PL*, CLXXII, c. 577.

＊22 Casel, odo 5. *« Actio » in liturgischer Verwendung*, in « Jahrbuch für Liturgiewissenschaft », I, 1921., p. 39.

＊23 Dürig, Walter, *Der Begriff « pignus » in der Liturgie*, in « Tübinger theologishe Quartalschrift », CXXIX, 1949., p. 398.

＊24 Casel 4, p. 145.

＊25 Ambrogio, *De myst.*, 8, pp. 159-60.〔アンブロジウス『秘跡』〕

＊26 Casel 4, p. 155.

＊27 *ibid.*, p. 174.

＊28 *ibid.*

＊29 *ibid.*, p. 159.

＊30 *ibid.*, p. 182.

＊31 *ibid.*, p. 200.

＊32 *ibid.*, p. 162.

＊33 Tommaso, *S. th.*, III, qu. 83, art. 1.;〔トマス・アクィナス『神学大全』〕cfr. Casel 4, p. 181.

＊34 *ibid.*, p. 184.

＊35 *ibid.*, p. 191.

＊36 Casel odo 6. *Beiträge zu römischen Orationen*, in « Jahrbuch für Liturgiewissenschaft », XI, 1931., p. 38.

＊37 *ibid.*, p. 38.

＊38 *ibid.*, p. 45.

＊39 Diezinger, Walter, *Effectus in der römischen Liturgie. Eine Kultsprachliche Untersuchung*, Hanstein, Bonn 1961., p. 9.

＊40 Cicerone, *Tusc.*, 2, 3.〔キケロー「トゥスクルム荘対談集」木村健治、岩谷智 訳『キケロー選集12 哲学V』岩波書店、二〇〇二年〕

＊41 Varrone, *On the Latin Language*, a cura di Roland G. Kent, Heinemann-Harvard University Press, London-Cambridge (Mass.) 1967, 2 voll., *De ling. lat.*, 9, 39.

＊42 Cicerone, *De fin.*, 3, 32.〔キケロー「善と悪の究極について」永田康昭・兼利琢也・岩崎務訳『キケロー選集10 哲学III』岩波書店、二〇〇〇年〕

＊43 Calcidio, *Platonis Timaeus interprete Chalcidio cum eiusdem commentatio*, a cura di Johannes Wrobel, in aedibus Teubneri, Lipsiae 1876., p. 337.

＊44 Quintiliano, *Iust. or.*, II, 18, 1-2.

＊45 この区別をここで参照するのはやや場違いかもしれない。なぜならアリストテレスにおいて、テクネー-アルスは万が一にも実践と定義されることはないのだから（*anankē tēn technen poiēseōs all'ou praxeōs einai*）。Aristotele, *EN*, 1140a 17.

＊46 Ambrogio, *Exameron libri sex*, in Jacques-Paul Migne (a cura di), *Patrologiae cursus completus. Series latina*, XIV., I, 5, 17.〔アンブロジウス「エクサメロン（天地創造の六日間）」『中世思想原典集成4 初期ラテン教父』上智大学中世思想研究所編訳・監修、平凡社、一九九九年〕

＊47 Cicerone, *De finibus*, 3, 7, 24.〔キケロー「善と悪の究極について」〕

＊48 Rufino, *Orig. in Rom.*, 8, 2, 1162c.

＊49 *Gramm.*, suppl. 74, 23.

＊50 Hilarius Pictaviensis, In *Evangelium Matthaei Commentarius* 11, 2.

＊51 Agostino, *De gratia Christi et de peccato originali contra Pelagium et Celestinum*, in Jacques-Paul Migne (a cura di), *Patrologiae cursus completus. Series latina*, XLIV., 4, 5.〔アウグスティヌス『アウグスティヌス著作集第9、10巻 ペラギウス派駁論集1、2』金子晴勇、小池三郎ほか訳、教文館、一九七九年、一九八五年〕

＊52 ペラギウスにおいて、効力はもっぱら神に帰属する。

＊53 *ibid.*

＊54 Aristotele, *Met.*, 1048a 32.〔アリストテレス『形而上学 上下』出隆訳、岩波文庫、一九五九、一九六一年〕

＊55 1 *Cor.*, 12, 4.〔「コリントの信徒への手紙一」一二章四節〕

＊56 *Ef.*, 1, 19-20.〔「エフェソの信徒への手紙」一章一九－二〇節〕

＊57 *Ef.*, 1, 20; 3, 7; 4, 16〔「エフェソの信徒への手紙」一章二〇節、三章七節、四章一六節〕; *Fil.*, 3, 21.〔「フィリピの信徒への手紙」三章二一節〕

＊58 ちなみに、この定義のためにそこで案出された形容詞がオペラトリウス（operatorius）であり、彼以前にこの用語は確認されない。Pépin, Jean, *Théologie cosmique et théologie chrétienne*, Presses Universitaires de France, Paris 1964., p. 333.

＊59 Ambrogio, *De fide ad Gratianum Augustum libri quinque*, in Jacques-Paul Migne (a cura di), *Patrologiae cursus completus. Series latina*, XVI., 4, p. 7.; *PL*, XVI, c. 631.

＊60 Ambrogio, *De sacr.*, 4, 15.〔アンブロジウス『秘跡』〕

＊61 Ambrogio, *Ex.*, 1, 1, 1.〔アンブロジウス「エクサメロン（天地創造の六日間）」〕

＊62 Pépin, pp. 338-39.

＊63 Vittorino, p. 196.

＊64 Ambrogio, *De sacr.*, 1, 15.〔アンブロジウス『秘跡』〕

＊65 Vittorino, p. 122.

＊66 Tommaso, *S. th.*, III, qu. 62, art. 1.〔トマス・アクィナス『神学大全』〕

＊67 *ibid.*

＊68 Tommaso, IV, p. 32.〔トマス・アクィナス『神学大全』〕

＊69 Tommaso, *S. th.*, III, qu. 62, art. 1.〔トマス・アクィナス『神学大全』〕

＊70 *ibid.*, qu. 64, art. 1.

＊71 *ibid.*, qu. 62, art. 1, sol. 1.

＊72 Durando, I, p.169.; Tommaso, *S. th.*, III, qu. 22, art. 4.〔トマス・アクィナス『神学大全』〕

＊73 *ibid.*, qu. 64, art. 5.

＊74 *ibid.*, art. 6.

＊75 Durando,1, p.245

＊76 Kilmartin, pp. 196-97.

＊77 Boezio, *The Theological Tractates*, a cura di Hugh Fraser Stewart ed Edward Kennard Rand, Heinemann, London 1973., p. 88.〔ボエティウス「エウテュケスとネストリウス駁論」『中世思想原典集成5　後期ラテン教父』上智大学中世思想研究所 編訳・監修、平凡社、一九九三年〕

＊78 *ibid.*, p. 86.

＊79 Libera, Alain de, *L'Art des généralités. Théories de l'abstraction*, Aubier, Paris 1999., p. 185.

＊80 Dörrie Heinrich, *Hypostasis. Wort-und Bedeutungsgeschichte*, in « Nachrichten der Akademie der Wissenschaften in Göttingen. Phil. –hist. Klasse », III, 1955, poi in id., *Platonica minora*, Fink, München 1976., p. 60.

＊81 *ibid.*, p. 63.

＊82 *ibid.*, p. 61.

＊83 Picavet, François, *Hypostases plotiniennes et Trinité chrétienne*, in « Annuaire de l'École pratique des hautes études. Section des sciences religieuses », 1917-18.

＊84 Plotino, *Ennéades*, a cura di Émile Bréhier, Les Belles Lettres, Paris 1983-90, 6 voll.; ed. it. *Enneadi*, a cura di

Mario Casaglia e altri, UTET, Torino 1997, 2 voll., 6, 8, 7.〔プロティノス『プロティノス全集第4巻　エネアデス　エネアス6』田中美知太郎ほか訳、中央公論社、一九八七年〕

＊85　*ibid.*, 6, 8, 13.

＊86　Heidegger, Martin 1. *Nietzsche*, Neske, Pfüllingen 1961, 2 voll, II, p. 412.〔マルティン・ハイデガー『ニーチェ3』薗田宗人訳、白水社、一九七七年〕

＊87　*ibid.*

＊88　*ibid.*, p. 414.

＊89　*ibid.*, p. 415.

＊90　*ibid.*, p. 414-415.

＊91　*ibid.*, p. 419.

＊92　Heidegger, Martin 2. *Holzwege*, Klostermann, Frankfurt a. M. 1950., p. 64.〔マルティン・ハイデッガー『ハイデッガー全集第5巻　杣径』辻村公一ほか編、茅野良男、ハンス・ブロッカルト訳、創文社、一九八八年および『芸術作品の根源』関口浩訳、平凡社ライブラリー、二〇〇八年〕

＊93　Heidegger, Martin 3. *Einführung in die Metaphysik*, Niemeyer, Tübingen 1953., p. 122.〔マルティン・ハイデッガー『形而上学入門』川原栄峰訳、平凡社ライブラリー、一九九四年〕

＊94　Heidegger 2, p. 50.〔マルティン・ハイデッガー『杣径』、『芸術作品の根源』〕

＊95　*ibid.*, pp. 67-68

閾

＊1　Foucault, Michel 1. *Le Gouvernement de soi et des autres*, a cura di Frédéric Gros, Gallimard, Paris 2008; trad. it. *Il governo di sé e degli altri. Corso al Collège de France(1982-1983)*, a cura di Mario Galzigna, Feltrinelli, Milano 2009., p.273.〔ミシェル・フーコー『ミシェル・フーコー講義集成XII　自己と他者の統治　コレージュ・ド・フランス講義 1982-1983』阿部崇訳、筑摩書房、二〇一〇年〕

3　任務の系譜学

＊1　Ambrogio, *Epistolae*, in Jacques-Paul Migne (a cura di), *Patrologiae cursus completus. Series latina*, XVI., 20, *PL*, XVI, c. 995.〔*munus* の複数形が *munera* である。以下、原書では *munera* となっている箇所は便宜上、ムヌスと訳出した。〕

＊2　*ibid.*, 63, *PL*, XVI, c. 1218.

＊3　たとえば以下を参照。*Ef.*, 4, 12.〔「エフェソの信徒への手紙」四章一二節〕; 2 *Cor.*, 6, 3.〔「コリントの信徒への手紙二」六章三節〕; *Rm.*, 11, 13.〔「ローマ人への手紙」一一章一三節〕

＊4　Clemente, *passim*.〔「クレメンスの第一の手紙」〕

＊5　*ibid.*, 9, 4.; 41, 1.; 40, 2-5.; 44, 2-3.

＊6　*ibid.*, 20, 10.

＊7　*ibid.*, 8, 1.; 41, 2.

＊8 *ibid.*, 9, 2.
＊9 ただしレイトゥールゲオー（*leitourgeo*）の翻訳については、ほかにセルヴィーレ（*servire*）とデセルヴィーレ（*deservire*）に置き換えられた三つのケースがあるにはある。*ibid.*, 32, 2.; 34, 5-6.
＊10 Ambrogio, *De Cain et Abel libri duo*, in Jacques-Paul Migne (a cura di), *Patrologiae cursus completus. Series latina*, XIV., 2, 4, 15.
＊11 Cipriano, *Ep.*, 3, 1.〔キプリアヌス『偉大なる忍耐・書簡抄』〕
＊12 Pseudo-Clemente, *I ritrovamenti - « Recognitiones »*, a cura di Silvano Cola, Città Nuova, Roma 1993., 3, 66, 4.
＊13 Cipriano, *Ep.*, 4, 4〔キプリアヌス『偉大なる忍耐・書簡抄』〕; Rufino, prologo.
＊14 Cicerone, *De fin.*, 3, 17, 58.〔キケロー「善と悪の究極について」〕
＊15 Goldschmidt, Victor, *Le Système stoicien et l'idée de temps*, Vrin, Paris 1969., p. 155.
＊16 Cicerone, *De off.*, 1, 1.〔キケロー「義務について」高橋宏幸訳『キケロー選集9　哲学II』岩波書店、一九九九年〕
＊17 Zenon, 7, 107.[cit. in Arnim, Johannes von, *Stoicorum veterum fragmenta*, in aedibus Teubneri, Lipsiae 1903-38, 4 voll., p. 230.]
＊18 *ibid.*, 7, 109.[cit in Arnim, II, p. 496.]
＊19 Stobeo, 2, 96, 18.[cit. in Arnim, II, p. 501.]
＊20 Cicerone, *De fin.*, 4, 76.〔キケロー「善と悪の究極について」〕
＊21 Cicerone, *Ad At.*, 16, 11, 4.〔「アッティクス宛書簡集1、2」根本和子、川崎義和、高橋英海、大芝芳弘訳『キケロー選集13、14』岩波書店、二〇〇〇年、二〇〇一年〕
＊22 *ibid.*, 16, 14, 3.
＊23 Hellegouarc'h, Joseph, *Le Vocabulaire latin des relations et des partis politiques sous la République*, Les Belles Lettres, Paris 1963., p. 152.
＊24 Donato, Elio, *Ad P. Terentii Andriam*, in id., *Commentum Terentii*, a cura di Paul Wessner, in aedibus Teubneri, Lipsiae 1902-05, 3 voll.., 236, 7.
＊25 Cicerone, *De off.*, 1, 4.〔キケロー「義務について」〕
＊26 Plauto, *Cas.*, 585.〔プラウトゥス「カスィーナ」安富良之訳『古代ローマ喜劇全集第2巻　プラウトゥスII』鈴木一郎、安富良之訳、東京大学出版会、一九七六年〕
＊27 Rhet. *Her.*, 2, 10, 14.〔「ヘレンニウス宛のレトリック」〕
＊28 Hellegouarc'h, pp. 160-61.
＊29 *ibid.*, 36.
＊30 Ovidio, *Ars*, 2, 687.〔オウィディウス『恋愛指南アルス・アマトリア』沓掛良彦訳、岩波文庫、二〇〇八年〕
＊31 Properzio, 2, 22, 24.
＊32 Petronio, *Sat.*, 105, 9.
＊33 Platter, Charles L., *« Officium » in Catullus and Properitus. A Foucauldian Reading*, in « Classical

Philology », XC, 3, 1995., p. 219.

＊34　Seneca, *De benef.*, 3, 18, 1.〔セネカ「恩恵について」小川正廣訳『セネカ哲学全集２』大西英文、兼利琢也編、岩波書店、二〇〇六年〕

＊35　Paul., *29 ad ed.*, D. 13. 6. 17. 3.

＊36　Festo, *De verborum significatu quae supersunt cum Pauli epitome*, a cura di Wallace M. Lindsay, in aedibus Teubneri, Stutgardiae-Lipsiae 1997., 12, 158, 22L.

＊37　Gellio, 13, 3, 1.

＊38　Cicerone, *De off.*, 1, 7.〔キケロー「義務について」〕

＊39　*ibid.*

＊40　*ibid.*, 1, 11.

＊41　*ibid.*, 1, 12.

＊42　Seneca, *Epist.*, 95, 51-52.

＊43　Pohlenz, Max, *Antikes Führetum. Cicero « De officiis » und das Lebensideal des Panaitios*, Teubner, Leipzig-Berlin 1934., p. 146.

＊44　Cicerone, *De off.*, 1, 5. キケロー「義務について」〕

＊45　*ibid.*, 2, 18.

＊46　Ambrogio, *Ep.*, 1, 4.

＊47　Ambrogio, *De officiis*, a cura di Maurice Testard, CCSL, Brepols, Turnhout 2000., 1, 7, 24.

＊48　*ibid.*, 1, 8, 25.

＊49　*supra*, pp.62-63.

＊50　Testard, p. 14.

＊51　Steidle, Wolf, *Beobachtungen zu des Ambrosius' Schrift « De officiis »*, in « Vigiliae christianae », XXXVIII, 1984., p. 19.

＊52　Ambrogio, *De off.*, 1, 8, 26.

＊53　Diezinger, pp. 73 e 106.

＊54　*ibid.*, p. 79.

＊55　Durando, II, p. 14.

＊56　Varrone, 6, 77, p. 245.

＊57　Aristotele, *Etica Nicomachea*, 1140b, 4-5.〔アリストテレス『ニコマコス倫理学』渡辺邦夫、立花幸司訳、光文社古典新訳文庫、二〇一五年〕

＊58　*De lingua latina* (il Laurenziano LI, 10).

＊59　Magdelain, André, *Jus imperium auctoritas. Études de droit romain*, École française de Rome, Rome 1990., pp. 34-42.

＊60　cfr. Vitale, Antonio, *L'ufficio ecclesiastico*, Jovene, Napoli 1965., p. 101.

＊61　*ibid.*, p. 98.

＊62　*ibid.*

＊63　*ibid.*

＊64　*ibid.*, p. 132.

＊65　Gasparri, Pietro, *s. v. Competenza in materia amministrativa*, in *Enciclopedia del diritto*, VIII, Giuffrè, Milano 1961., p. 35.

4　ふたつの存在論、あるいは、いかに倫理は義務になったのか

＊1　Nietzsche, Friedrich, *Opere*, a cura di Giorgio Colli e Mazzino Montinari, VIII, *I: Frammenti postumi, 1885-1887*, Adelphi, Milano 1975., p. 265.; cf. *ibid.*, p. 151.

〔フリードリヒ・ニーチェ『道徳の系譜学』中山元訳、光文社古典新訳文庫、二〇〇九年〕

＊2　Schopenhauer, Arthur, *Über die Grundlage der Moral*, in id., *Werke in zehn Bänden*, a cura di Angelika Hübscher, VI: *Die beide Grundprobleme der Ethik*, Diogenes-Verlag, Zürich 1977: trad. it. *Il fondamento della morale*, Laterza, Roma-Bari 1991., p. 123.〔アルトゥール・ショーペンハウアー『ショーペンハウアー全集９　倫理学の二つの根本問題』前田敬作、芦津丈夫、今村孝訳、白水社、一九七三年〕

＊3　*ibid.*, p. 124.

＊4　*ibid.*, p. 134.

＊5　*ibid.*, p. 135.

＊6　*ibid.*〔「ムク犬」については、ゲーテ『ファウスト』第一部一三二三行を参照。ムク犬の姿をしてファウストについてきたメフィストフェレスが、書斎で正体をあらわすというくだりがある。〕

＊7　Foucault, Michel 2. *Dits et écrits, II: 1970-1977*, Gallimard, Paris 1994., P.138.〔ミシェル・フーコー『ミシェル・フーコー思考集成Ⅳ　1971-1973　規範／社会』蓮實重彦ほか訳、筑摩書房、一九九九年〕

＊8　Diezinger, p. 78.

＊9　Aristotle, *Met.*, 1046b 32 sgg.〔アリストテレス『形而上学』〕

＊10　Aristotle, *Etica Nicomachea*, 1105b 19-20.〔アリストテレス『ニコマコス倫理学』〕

＊11　*ibid.*, 1106a 12.

＊12　*ibid.*, 1106a 24.

＊13　Aristotele, *De anima*, 417a 22-30.〔アリストテレス「魂について」〕

＊14　Aristotele, *Met.*, 1019b 6-10.〔アリストテレス『形而上学』〕

＊15　*ibid.*, 1046a 30.

＊16　Aristotele, *De anima*, 412a 35. 13　Aristotele, *De anima*, 417a 22-30.〔アリストテレス「魂について」〕

＊17　Cfr. Aristotele, *Met.*, 1046b 29; 1047a 25.〔アリストテレス『形而上学』〕

＊18　*ibid.*, 1046a 30.

＊19　Aristotele, *Etica Nicomachea*, 1106a, 22-23.〔アリストテレス『ニコマコス倫理学』〕

＊20　Aristotele, *Etica Eudemia*, 1219a 9-10.〔アリストテレス『新版アリストテレス全集第16巻　大道徳学　エウデモス倫理学』内山勝利ほか編、岩波書店、二〇一六年〕

＊21　Aristotele, *Etica Nicomachea*, 1098b 30-31. アリストテレス『ニコマコス倫理学』

＊22　Aristotele, *Met.*, 1022b 14.〔アリストテレス『形而上学』〕

＊23　Aristotele, *Etica Nicomachea*, 1106a 22-23.〔アリストテレス『ニコマコス倫理学』〕

＊24　Aristotele, *Etica Eudemia*, 1220b 1-5.〔アリストテレス『エウデモス倫理学』〕

＊25　*ibid.*, 1219a 19 sgg.

＊26　*ibid.*, 1219a 6.

＊27　Tommaso, *S. th.*, I-II, qq. 49-54.〔トマス・アクィナス『神学大全』〕
＊28　Tommaso, *S. th.*, qu. 49, art. 4.〔トマス・アクィナス『神学大全』〕
＊29　*ibid.*, qu. 51, art. 2.
＊30　*ibid.*, qu. 49, art. 3.
＊31　*ibid.*
＊32　*ibid.*, qu. 50, art. 5.
＊33　*S. th.*, II-II, qq. 55-67.
＊34　*ibid.*, qu. 55, art. 2.
＊35　*ibid.*, qu. 54, art. 3.
＊36　*ibid.*, qu. 55, art. 3.〔原書は qu. 54 と誤記。〕
＊37　*ibid.*, qu. 55, art. 2.
＊38　*ibid.*, qu. 55, art. 4.
＊39　*ibid.*
＊40　Tommaso, *S. th.*, II-II, qu. 81.〔トマス・アクィナス『神学大全』〕
＊41　*ibid.*, art. 1.
＊42　*ibid.*, art. 2.
＊43　*ibid.*, art. 3.〔原書は art. 6 と誤記。〕
＊44　*Tommaso S. th.*, II-II, qu. 82, art. 1. トマス・アクィナス『神学大全』〕
＊45　Cfr. Daniels, A., *Devotio*, in « Jahrbuch für Liturgiewissenschaft », I, 1921., p. 47.
＊46　Cassiano, *Institutions cénobitiques*, a cura di Jean-Claude Guy, Éditions du Cerf, Paris 2001., p. 146.; 438.
＊47　Tommaso, *S. th.*, II-II, qu. 82, art. 2.〔トマス・アクィナス『神学大全』〕
＊48　Suárez, Francisco, *Oprera omnia*, XIII, a cura di Charles Berton, Vivès, Parisiis 1859., p. 1.
＊49　*ibid.*, p. 5.
＊50　*ibid.*, p. 20.
＊51　*ibid.*, p. 22.
＊52　*ibid.*, p. 13.
＊53　*ibid.*, p. 22.
＊54　Kant, Immanuel 1. *Die Metaphysik der Sitten(1797)*, in id., *Werke in sechs Bänden*, a cura di Wilhelm Weischedel, IV: *Schriften zur Ethik und Religionsphilosophie*, Wissenschaftliche Buchhandlung, Darmstadt 1975; trad. it. *La metafisica dei costumi*, Laterza, Roma-Bari 1989., p. 263.〔イマヌエル・カント『カント全集11　人倫の形而上学』坂部恵ほか編、岩波書店、二〇〇二年〕
＊55　Pufendorf, Samuel 1. *Gesammelte Werke*, I: *Briefwechsel*, a cura di Detlef Döring, Akademie-Verlag, Berlin 1996., p. 197.
＊56　*ibid.*, p. 195.
＊57　Apuleio, *De mundo*, 34.; Virgilio, *Aen.*, 6, 724-27.〔ウェルギリウス『アエネーイス』杉本正俊訳、新評論、二〇一三年〕
＊58　Pufendorf, Samuel 2. *Gesammelte Werke*, II: *De officio*, a cura di Gerhard Hartung, Akademie-Verlag, Berlin 1997., p. 14.
＊59　*ibid.*, p. 72.
＊60　*ibid.*, p. 23.

＊61 *ibid.*

＊62 *ibid.*

＊63 *ibid.*, p. 24.

＊64 Strauss, Leo, *Einige Bemerkungen über die politische Wissenschaft des Hobbes*, in id., *Gesammelte Schriften*, III: *Hobbes' politische Wissenschaft und zugehörigen Schriften – Briefe*, a cura di Heinrich Meier e Wiebke Meier, Metzler, Stuggart-Weimar 2001., p. 258.〔レオ・シュトラウス『ホッブズの政治学』添谷育志 ほか訳、みすず書房、一九九〇年〕

＊65 Domat, Jean, *Le Droit public. Suite des Loix civiles*, Coignard, Paris 1697, 2 voll., p. 2.

＊66 Kant 1, p. 232.〔イマヌエル・カント『人倫の形而上学』〕

＊67 Crusius, Christian August, *Die Philosophischen Hauptwerke, I: Anweisung vernünftig zu leben*, a cura di Giorgio Tonelli, Olms, Hildesheim 1969., p. 201.

＊68 Kant, Immanuel 2. *Grundlegung zur Metaphysik der Sitten* (1785), in id., *Werke in sechs Bänden*, a cura di Wilhelem Weischedel, IV: *Schriften zur Ethik und Religionsphilosophie*, Wissenschaftliche Buchhandlung, Darmstadt 1975; trad it. *Fondazione della metafisica dei constumi*, in id., *Critica della ragion pratica e altri scritti morali*, a cura di Pietro Chiodi , UTET, Torino 1995., p. 60.〔イマヌエル・カント『道徳形而上学の基礎づけ　新装版』宇都宮芳明訳、二〇〇四年、以文社〕

＊69 Kant 1. P. 239.〔イマヌエル・カント『人倫の形而上学』〕

＊70 *ibid.*, p. 227.

＊71 Kant 2, p. 57 n. *b*.〔イマヌエル・カント『道徳形而上学の基礎づけ』〕

＊72 *ibid.*

＊73 Kant, Immanuel 3. *Kritik der praktischen Vernunft* (1788), in id., *Wereke in sechs Bänden*, a cura di Wilhelm Weischedel, IV: *Schriften zur Ethik und Religionsphilosophie*, Wissenschaftliche Bunchhandlung, Darmstadt 1975; trad. it. *Critica della ragion pratica*, Laterza, Roma-Bari 1982., p. 91.〔イマヌエル・カント『実践理性批判　新装版』宇都宮芳明訳、以文社、二〇〇四年〕

＊74 Kant 2, p. 57, n. *b*.〔イマヌエル・カント『道徳形而上学の基礎づけ』〕

＊75 *ibid.*, p. 56.

＊76 *ibid.*, p. 57, n. *b*.

＊77 *ibid.*, p. 58.

＊78 Kant 1, p. 227.〔イマヌエル・カント『人倫の形而上学』〕

＊79 *ibid.*, p. 228.

＊80 Kant 3, p. 100.〔イマヌエル・カント『実践理性批判』〕

＊81 Kant 1, p. 228.〔イマヌエル・カント『人倫の形而上学』〕

＊82 Kant 2, p. 82.〔イマヌエル・カント『道徳形而上学の基礎づけ』〕

＊83 Kant 3, p. 97.〔イマヌエル・カント『実践理性批判』〕

＊84 *ibid.*

＊85 *ibid.*, p. 99.

＊86 *ibid.*

＊87 *ibid.*, pp. 98-99.

＊88 Kant 1, p. 251.〔イマヌエル・カント『人倫の形而上学』〕

＊89 *ibid.*, p. 255.
＊90 Heidegger 3, p. 151.〔マルティン・ハイデッガー『形而上学入門』〕
＊91 *ibid.*, p.150,
＊92 Meillet, Antoine, *Linguistique historique et linguistique générale*, Champion, Paris 1975., p. 191.
＊93 Kelsen, Hans 1. *Reine Rechtslehre*, n. ed. Deuticke. Wien 1960; trad.it. *La dottrina pura del diritto*, a cura di Mario G. Losano, Einaudi, Torino 1966., p. 13.〔ハンス・ケルゼン『純粋法学』長尾龍一訳、岩波書店、二〇一四年〕
＊94 Gehlen Arnold, *Urmensch und Spätkultur, Philosophische Ergebnisse und Aussagen*, Athenaion, Frankfurt a. M. 1977; trad. it. *Le origini dell'uomo e la tarda cultura. Tesi e risultati filosofici*, il Saggiatore, Milano 1994., p. 170.〔アーノルト・ゲーレン『人間の原型と現代の文化　新装版』池井望訳、法政大学出版局〕
＊95 *ibid.*, p. 172.
＊96 *ibid.*, p. 171.
＊97 Arendt, Hannah, *Eichmann in Jerusalem. A Report on the Banality of Evil* (1963), Penguin Books, Harmondsworth 1994; trad.it. *La banalità del male. Eichmann a Gerusalemme*, Feltrinelli, Milano 2002., p. 143.〔ハンナ・アーレント『エルサレムのアイヒマン――悪の陳腐さについての報告』大久保和郎訳、みすず書房、二〇一七年〕
＊98 *ibid.*, p. 144.
＊99 Kelsen, Hans 2. *Hauptprobleme der Staatsrechtslehre entwickelt aus der Lehre vom Rechtssatze*, Mohr, Tübingen 1911., pp. v-vi.〔ハンス・ケルゼン『世界大思想全集 第106、107、108巻　国法学の主要問題　上中下』蝋山芳郎、武井武夫訳、春秋社、一九三五年、一九三七年〕
＊100 Kelsen 1, p. 14.〔ハンス・ケルゼン『純粋法学』〕
＊101 *ibid.*, p. 141.
＊102 *ibid.*, p. 73, n. 1.

閾

＊1 Benz, Ernst, *Marius Victorinus und die Entwicklung der Abendländiaschen Willensmetaphysik*, Kohlhammer, Stuttgart 1932.
＊2 *ibid.*, p. 302.
＊3 Enn., 6, 8, 9.; cfr. *Benz*, p. 298.
＊4 Enn., 6, 8, 13.; cfr. *Benz*, p. 299.
＊5 Enn., ibid.; cf. *Benz*, p. 301.
＊6 *ibid.*, p. 414.
＊7 *ibid.*
＊8 *ibid.*, pp. 365-413.
＊9 *ibid.*, p.414.
＊10 Enn., 6, 8, 13.
＊11 Vittorino, in *Benz*, p. 78.
＊12 *ibid.*
＊13 Aristotele, *De an.*, 417a 26-27.〔アリストテレス「魂について」〕
＊14 Aristotele, *Met.*, 1048a 11. アリストテレス『形而上学』〕

訳者あとがき

本書は以下の日本語訳である。Giorgio Agamben, *Opus Dei. Archeologia dell'ufficio* (Homo sacer, II, 5), (Torino: Bollati Boringhieri, 2012).

本書の置かれた文脈として、まず触れなければいけないのは「ホモ・サケル」計画である。このプロジェクトを構成するのは、ジョルジョ・アガンベンの手になる以下の著作群である。

Ⅰ　『ホモ・サケル――主権権力と剥き出しの生』*Homo sacer. Il potere sovrano e la nuda vita*, 1995.

Ⅱ・1　『例外状態』*Stato di eccezione*, 2003.

Ⅱ・2　『スタシス――政治的パラダイムとしての内戦』*Stasis. La grerra civile come paradigma politico*, 2015.

Ⅱ・3　『言語活動の秘蹟――宣誓の考古学』*Il sacramento del linguaggio. Archeologia del giuramento*, 2008.

Ⅱ・4　『王国と栄光――オイコノミアと統治の神学的系譜のために』*Il regno e la gloria. Per una genealogia teologica dell'economia e del governo*, 2007.

Ⅱ・5　『オプス・デイ――聖務の考古学』*Opus Dei. Archeologia dell'ufficio*, 2012.

Ⅲ　『アウシュヴィッツの残りのもの――アルシーヴと証人』*Quel che resta di Auschwitz. L'archivio e il testimone*, 1998.

Ⅳ・1　『いと高き貧しさ――修道院規則と生の形式』*Altissima povertà. Regole monastiche e forma di vita*, 2011.

Ⅳ・2　『身体の使用――脱構成的可能態の理論のために』*L'uso dei corpi*, 2014.

このとおり各著作はプロジェクト内でナンバリングされているものの、出版順はバラバラである。時系列で整理するなら、「ホモ・サケル」計画は一九九五年の『ホモ・サケル――主権権力と剝き出しの生』に始まり、二〇一五年の『スタシス――政治的パラダイムとしての内戦』の出版によって「放棄」された。「放棄」という表現は、『身体の使用』の「まえおき」において、アガンベン本人が選んだものである。政治をめぐるさまざまな現象や概念に対して、哲学、神学、言語学といった観点から再検討を加えた二〇年にもおよぶ長大なプロジェクトを、「完結」、「完成」もしくは「完遂」でもなく、「放棄」としてピリオドを打つこと。すでにこの一事が、アガンベンがことに臨む姿勢を象徴的に表わしている。「放棄」という表現にまつわるネガティブな語感やペシミスティックな印象は、一般的な読者がこの著者に対して抱くイメージと重なっているのではないだろうか。

さて二〇一九年四月という現時点において、アガンベンがこれまで綿々と練り上げてきた思想の背景について、もしくは、本書のコンテクストである「ホモ・サケル」計画の詳細について、ここでわたしが何事かを述べるにはおよばない。換言するなら、その線でしたためるわたしの拙文は、おおよそ蛇足の域を出ないにちがいない。いずれにせよ、アガンベンが過去と現在において提示してきたいくつかのパラダイムについては、すでに日本語でも多くを知ることができる。また「ホモ・サケル」計画の意義についても同様である。各著翻訳者による充実した解題やあとがきもしくは著作は、いずれも議論の奥底にひそむ背景を浮き彫りにし、暗がりに落ちそうな展望を仄明るく照らし続けている。たとえば直近でいうと、岡田温司は『アガンベンの身振り』(月曜社、二〇一八年)においてひとつの章を「ホモ・サケル」計画全体の解釈と総括にあてている。そこには本書にかんする示唆的な読みも提示されているのである。

もしくはここで、本書の立ち位置を明確にしうる、「ホモ・サケル」計画以外の文脈を指摘するべきかもしれない。たとえばそのひとつに、アガンベンの「神学的転回」がある。これは使徒パウロのメシア主義を題材にした二〇〇〇年『残りの時』に始まり、二〇〇五年『瀆神』から二〇〇七年『王国と栄光』、二〇〇八年『言語活動の秘蹟』、二〇〇九年『裸性』、二〇一一年『いと高き貧しさ』にいたる、神学的テーマにフォーカスを定めてその周囲を旋回し続ける身振りのことである。この著者の「神学的転回」にかんがみるなら、二〇一二年刊行の本書はその掉尾を飾る重要な作品にほかならない。さて、神学という領域に拘泥するかのような著者の身ぶりが、いかなる意義を有するのかについては、『スタシス』のあとがきにおいて、すでに翻訳者の高桑和己が簡潔に言い当てるところである。すなわち、従来の政治思想研究は一連の神学上の主題をほとんど一顧だにしなかったにもかかわらず、「そのような事象がじつは政治を考えるうえで枢要をなすパラダイムだということを示す」ことが、「神学的転回」の賭け金となのだという。

ただ本書邦訳の刊行のタイミングをふまえるなら、「神学的転回」という背景にかんしても、ここであらたな観点を付け加えるにはおよばないだろう。もちろんこのように先取りして釈明するわたしの言い回しそれ自体が、すべからく、実効性というパラダイムに貫かれており、すでに忌むべき状況であることは本書の内容からもあきらかである。ただ、この二重の桎梏を視野に収めつつ、なおもここで『オプス・デイ』にかんして、従来ほとんど看過されてきた補助線をきわだたせてみたい。

その補助線とは、現在の世界情勢をめぐる問題を明確にアガンベンと共有しつつも、ある意味では対照的ともいえる方法に即して応答を試みた、デヴィッド・グレーバーの著作である。この人類学者にしてアクティヴィストの名を世に知らしめた著作『負債論』の内容は、以下の問題への応答にほかならない。つまり、いかに社会的責務は事物に貼りつくことになったのか。また、いかに暴力は人間関係に忍び込むことになったのか。そして、わたしたちがその関係を道徳的であるかのように信じさせられているのはなぜなのか。この三つの問題は、『オプス・デイ』においてアガンベンが応答を試みた問題と、寸分たがわず重なることはあきらかだろう。では、『負債論』をふまえることで、『オプス・デイ』に対する読みがいっそう豊かになるのだとすれば、それはいかなる点においてなのだろうか。

たとえば、本書第四章「ふたつの存在論、あるいは、いかに義務は倫理になったのか」の端緒となるのは、『道徳の系譜』においてニーチェが展開した義務と罪をめぐる議論への参照である。罪の意識と良心の呵責が絡まる結び目を、債権者と債務者をつなぐ負債という概念が固くしているというニーチェ論文を布石として、存在と義務の系譜学は展開される。そこにおいてアガンベンは、アリストテレスからフランシスコ・スアレスにいたる徳性の理論を参照する。ここで浮上するのは、現代の義務と倫理を境目も判然としないほど紐付けている、徳性と負債というふたつの結び目である。

アリストテレスにおいて、人間の能力が行為に移行する際の条件として状態という概念が措定され、徳性はその状態のより良いものとして提示される。その良さとはつまるところ有為性である。「有為的状態」として実践と存在のあいだで引き裂かれた徳性は、トマスにおいて敬神と結びつけられ、さらには負債と重ねられる。つまり、良いはたらきのすべては徳性に帰され、また、誰かに負債を返すことはこのうえなく善であるのだとすれば、すなわち、神に対して負っている栄誉を神に返す敬神はなににもまして徳性なのだという。トマスの議論を敷衍するなら「徳性のはたらき」はたんなる「義務の執行」と同義である。この定式を引き継いだスアレスは、さらに一歩進んで、敬神上の義務を「無限の負債」と定義するにいたった。

カントのかたどりを引き継ぐ現代倫理は、こうして義務の無限性を手中に収めることになる。ここにおいて存在は「それ自体が、純粋な負債以外の内容をなにひとつ」持ちえなくなった。これをひとつの契機として、アガンベンが指摘するのは以下である。すなわち、現在、わたしたちが認識しうる存在《ある》は、すべて当為《べき》と命令《せよ》が縒り合わされて構成されており、さらに、わたしたちの誰も彼もが、実効性もしくは有為性を倫理的概念として自動的に認識せざるをえなくなったというのである。

負債という概念がきわめて重要な参照項として機能する一連の議論は、アガンベンの功績のひとつでもある歴史認識、すなわち、統治の完成をもくろむ権力の重心は政治から経済へと移り続けるという見立てを反映しており、説得的である。

この点にかんがみるなら、グレーバーによる『負債論』の議論は示唆に富むといえる。たとえば第四章「残酷さと償い」において、グレーバーもまたニーチェに言及し、立派な信仰の裏面には債権と債務の暴力が潜んでいるというニーチェのキリスト教に対する直観は正しいと評価する。そもそも償いと贖いという同根のパラダイムに依拠する点において、経済的圏域と宗教的圏域は分けられながらも紐づけられている。「一方で、世界宗教は市場に対する怒号である。ところが他方で、そうした異議を商業的な観点から枠づけてしまう傾向をも世界宗教は有しているのである」。

しかしグレーバーは思想史上、負債という概念が参照される際にかかることが多い陥穽を同時に指摘する。人類学的な見地に立つなら、「世界に対する人間の存在のありかた、人間と人間の関係性を、すべて交換へと、すなわち「遅延された交換」としての負債へと還元してしまうこと」は妥当ではないという。そもそも負債は、奴隷やカーストにおける人間の関係性、つまり「生粋のヒエラルキー」とは本質的に異なる。「負債をそれ以外のことがらから峻別しているのは、それが平等の仮定を条件としていることである」。グレーバーによると、この負債の平等性は以下の事実が証明している。つまり、人類史における民衆蜂起は、奴隷制や搾取よりも負債をきっかけにすることのほうが、圧倒的に多いというのである。

この『負債論』の主張がふまえられるとすれば、『オプス・デイ』第四章はより多角的に読み込むことが可能になる。たとえば、アガンベンが義務の系譜学をとおして描き出した負債と徳性の結び目には、その排他的な固さに加えて、可塑的なほころびも見いだすことができるように思われる。『オプス・デイ』を一読するにあたって、アガンベンに対する通俗的な印象を、つまり、衒学的かつ悲観的というイメージのみを行間に投影してしまうのだとすれば、わたしたちが手にする存在と義務は、古代ギリシアから現代にいたるまで、ほとんどこうなるほかなかったかのように映るだろう。それほどまでに、アガンベンの文献学的記述の厚みや手つきは説得的である。しかしながら、この文献学上の情報量が豊富であればあるほど、ありえたかもしれないもうひとつの存在や義務を考えるきっかけを、わたしたちは手にしているのではないだろうか。

たとえば、トマスの「誰かに負債を返すことは、この上なく善である」という断定的前提に対して、いまのわたしたちは人類学的観点から「否」を唱えることができる。グレーバーの人類学的成果は、アガンベンの文献学的成果を、積極的に読み込む道を開きうるのである。そのとき『オプス・デイ』は、ありえたかもしれないもうひとつの存在論の所在を探索するフィールドに姿を変える。この読みが正読か誤読か、果ては衒学的か実効的かはさておくとしても、アガンベンはわたしたちにその機会を委ねていると考えられる。

また逆に、『負債論』は『オプス・デイ』によってより魅力的に補完されることも指摘しておきたい。たとえばグレーバーはおなじく第四章において、ニーチェの依拠する原始的狩猟民が虚構の存在であることに注意をうながしたうえで、実際の狩猟民であるイヌイットのエピソードを提示する。とあるデンマークの人類学者が食事をふるまわれた際に、繰り返し謝礼をしようとする。しかしイヌイットは、厳として応じず、「この地でわれわれがよくいうのは、贈与は奴隷をつくり、鞭が犬をつくる」と述べたというのである。グレーバーは、このとき狩猟民が表わしたのは謙譲でも寛大さでもなく、交換やヒエラルキーがしのびこむ余地の拒否であると指摘する。つまり、「打算の拒絶、だれがなにをだれに与えたか計算したり記憶することの拒絶に、真に人間であることのしるしがあると主張した」のだという。

たしかにこのエピソードは魅力的である。ここでイヌイットが見せた純然たる屈託は、もしかするとアガンベンが『いと高き貧しさ』などで語るところの、来たるべき〈生のかたち〉を体現する理想的な存在かもしれない。ただ一方で、軽快なフットワークを見せるグレーバーの議論はややもすると上滑りしているように感じられなくもない。「すべての社会はじぶん自身と格闘して」おり、個別の実践の繰り返しによって社会を再生産しうるのだというグレーバーの主張も、いささかナイーブすぎはしないかと警戒したくもなる。

しかし『オプス・デイ』を紐解くなら、たとえばこの人類学者の言うところの「じぶん自身」との格闘にかんして、その実相や課題が見えてくる。たとえば、わたしたちの存在をあらかじめ倫理的に縛る当為《べき》と命令《せよ》からいかに解放されるのかという点にこそ、格闘すべき状況があるのではないか。もしくは、運動や民衆の組織化に際して、実効性や有為性という要素を、無反省のままに評価軸に据えることは避けるべきではないか。このふたつの問題は、『負債論』という人類学的成果をいったん後景に置くことで、前景においてあらためて引き立つ『オプス・デイ』の魅力にほかならない。現在、ヨーロッパやアジアをはじめとする世界中のあらゆる地域において、体制側と反体制側、テロリズムと平和的デモとにかかわらず、あらゆる政治が運動化する傾向はいっそう顕著である。この現況にかんがみるなら、運動の志向や組織ではなく、運動という身ぶりそのものに批判の矛先を向けるアガンベンの思考は、重々しくも軽やかにその射程を延伸し続けている。本書「端書」の「つまるところ、在ることについてもはたらくことについても、今日のわたしたちが手にする表象は実効性のほかになにもない」というアガンベンの箴言は、グレーバーをはじめとするアクティヴィストの成果をも、静かに問いただすのである。

いずれにせよ、現代世界のさまざまな難局をふまえて設定される問題の鋭利さと、その応答を試みる際に提示される情報の浩瀚さにかけて、『オプス・デイ』は『負債論』と並ぶ人文学の到達点とみなせるように思われる。そしてここでその一部を例示したとおり、これらのテクストはそれぞれの読みを深化させる相補性を持っている。もちろん、楽観や悲観といったレッテルで相補性を際立たせる物言いは、図式的に過ぎ、忌むべきものであるという批判の向きはあるだろう。

ここでいまさらではあるかもしれないが、アガンベンは通俗的なイメージに反して、けっしてたんなるペシミストでないことを言い添えておきたい。これはすでに識者たちの言葉で語られているところのものである。上村忠男も『身体の使用』の「訳者あとがき」において、「政治を関係の彼方で思考する」というアガンベンの一貫したポジティブな指向性を強調している。

たしかに、著者のテクスト群は「関係の彼方」にいたることを目指しつつ、結果としてその困難さを、手を変え品を変えて表わし続けているようにも見える。とはいえ、ひたすらデッドエンドを指し示すテクストのさなかに、不思議な風通しの良さを感じる瞬間がやってくる。わたしが本書の翻訳のお話をいただいた際に、あまりにも身にあまる光栄な提案に怯みつつも、謹んでお引き受けした動機のひとつは、そのアガンベンがテクストに差し込む心地よい風をどうにか自分でも再現してみたいと思ったことである。たとえば第四章一七節の末尾に付されたサディストとマゾヒストを巡る小文などは、重厚な主題を展開しつつも軽妙な切り返しの議論が印象的である。もちろんそのラストのフレーズは、有り体な楽観をあらかじめ剥奪するという、著者一流の重々しい諦念を反映している。しかしながら、読者に両価感情をもたらしうるこの文体と構成には強烈な引力があるように思われる。本書の随所に織り込まれたこの重々しさと軽やかさの同居、ルネサンス宮廷風に言うならそのアガンベンのさりげなさ《スプレッツァトゥーラ》に触れるたび、わたしは彼にあらためて一票を投じたくなる気持ちを新たにした。告白するなら、この引力の反芻こそが、本書の翻訳にかけた時間を裏打ちし続ける支持体であった。

さて本書の訳文の精度が、本書の邦訳を待ち望んでいらっしゃった方々に報いうるレベルである否かについては、やや心もとなく思うところがある。ここで訳し分けの方針にかんしてひとつ説明が必要だとすれば、それは本書を規定する鍵概念のひとつ、実効性とそれに隣接する用語についてである。原語では、エッフェッティヴィタ（effettività）、エッフェットゥアリタ（effettualità）、オペラティヴィタ（operatività）という三つの用語が登場するが、当翻訳ではそれぞれを順に有効性《エッフェッティヴィタ》、実効性《エッフェットゥアリタ》、有為性《オペラティヴィタ》という訳語をあてている。この三つの用語は、それぞれ意味が重なりつつもややニュアンスを異にしており、アガンベンはそれらを明確に自覚して使い分けているように思われる。たとえば有効性よりも実効性は、実効性よりも有為性は、はたらきの効力が発揮されるという事象に対して、より差し迫った猶予のなさを表していると解釈される。ただいずれにせよ当翻訳ではこの三つの用語にかぎらず、かならずしも思想史上のモノグラフ的文脈のすべてにかなう訳語が選択されていない。先行研究への配慮が欠けるように受け取られることがあるとすれば、それはすべて翻訳者の力量不足によるところである。読者諸賢のご批判を仰ぎたいと思う。

本書の翻訳にあたっては、多くの方のご助力をたまわった。たとえば、民間企業にて就業することと、一個のはたらきにかんして実地に思索することの機会を与えていただいた、株式会社インフキュリオン・グループの丸山弘毅さん、鎌田大輔さん、来田武則さん、神沢順さんに御礼を申し上げたい。実効性の表象をめぐる諸相とその抜き差しならない局面は、アカデミックな職階とは別個のビジネス上の職階に就いてこそ、深く理解しうるものであったと実感している。

翻訳そのものについて、たとえばギリシア語の表記にかんしては佐藤真理恵さんにご教示いただいた。アガンベンの思想に精通しておられるからこその当意即妙なご指摘も数多く、たいへん助けていただいた。さらに、ジャン・ドマの仏文テクスト翻訳のほか、先に挙げた「有為性」をはじめとする訳語の提案、ひいては訳出の方向性にいたるまで、森元庸介さんには数かぎりないご支援をいただいた。森元さんはわたしが本書を翻訳する契機そのものでもある。どのように感謝を表せばよいか、わからないほどである。

なお、本書原稿の校正に取りかかっていた二〇一九年一月、以文社代表取締役社長の勝股光政さんの訃報に接した。翻訳のお話をいただいて以降、勝股さんにはいつもお世話になっていた。実効性から企図せず逸れ続けたわたしのはたらきに際しても、温和な笑顔でつねに優しく励ましていただいた。本書邦訳の刊行をお待たせしたままになってしまったことが、なによりも申し訳なく、痛恨の極みとしか言いようがない。ご冥福をお祈り申し上げる次第である。

そうした状況下でも、たゆまず編集の労を執り続けていただいた大野真さんには、計り知れないほどお世話になった。ご心労はいかほどばかりであったかと推察するしかなく、やはり、感謝を表す方法が到底見つからない。編集作業のみならず、さまざまな任務を並行して進めていらっしゃった大野さんの姿は、わたしの眼にきわだったはたらきの表象として焼き付いている。

当翻訳はそうしたかけがえのない多くのはたらきを総合した効果にほかならない。ここではたと気づくのは、為されたわざ《オプス・オペラトゥム》と為す者のわざ《オプス・オペランティス》の典礼的分節が及ばない基準、もしくは、実効性や有為性の倫理的射程から外れた基準ではたらきを想起することは、とてもむずかしいということである。

ようやくわたしは、本書が起点となる考察の重要性を、生とはたらきを重ね合わせるために踏みとどまる時の大切さを、理解したのだと思う。

二〇一九年五月　　杉山博昭

著者
ジョルジョ・アガンベン（Giorgio Agamben）
1942年生まれ。哲学者。マチェラータ大学、ヴェローナ大学、ヴェネツィア建築大学で教えた後、現在、ズヴィッツェラ・イタリアーナ大学メンドリジオ建築アカデミーで教鞭をとる。『ホモ・サケル』（以文社）、『例外状態』（未來社）、『スタシス』『王国と栄光』（共に青土社）、『アウシュヴィッツの残りのもの』（月曜社）、『いと高き貧しさ』『身体の使用』（共にみすず書房）など、著書多数。

訳者
杉山博昭（すぎやま ひろあき）
1975年生まれ。京都大学大学院博士課程修了（人間・環境学）。京都教育大学、国際基督教大学にて非常勤講師、早稲田大学高等研究所にて助教を務めたのち、現在は摂南大学外国語学部にて講師に就く。専門は表象文化論、西洋美術史。著書に表象文化論学会賞奨励賞『ルネサンスの聖史劇』（中央公論新社）がある。

オプス・デイ　任務の考古学

2019年5月25日　第1刷発行

著　者　ジョルジョ・アガンベン

訳　者　杉山博昭

発行者　大野　真

発行所　以文社

〒101-0051 東京都千代田区神田神保町 2-12

TEL 03-6272-6536　　FAX 03-6272-6538

http://www.ibunsha.co.jp/

印刷・製本：中央精版印刷

ISBN978-4-7531-0353-9